Foster Ability to Learn

「学びに向かう力」を鍛える学級づくり

松村英治
MATSUMURA eiji
相馬　亨
SOMA toru

東洋館出版社

はじめに

よりよい学級をつくるためには、よりよい授業が必要不可欠だと考え、私たちはこれまで実践を積み重ねてきました。

お互い切り離すことのできない「学級づくりと授業づくり」。これらが、今回の学習指導要領改訂の目玉の1つである「学びに向かう力」というキーワードによって、一気に結びついたと私たちは感じています。

新しい学習指導要領は、「社会に開かれた教育課程」「カリキュラム・マネジメント」「主体的・対話的で深い学び」といった考え方を提起し、過去に行われた改訂以上に注目を集めています。そのなかでも、「何ができるようになるか」という「育成を目指す資質・能力の3つの柱」は、これからの教育課程を考え実践していく上で欠かせないものの1つです（中央教育審議会答申「幼稚園、小学校、中学校、高等学校及び特別支援学校の学習指導要領等の改善及び必要な方策等について」平成28年12月）。

とりわけ、その3つの柱の1つである「学びに向かう力・人間性等」は、情意や態度等にかかわるもので、一朝一夕に育成できるものではありません。これこそ、私たち教師が、粘り強く授業改善に取り組み、よりよい授業とよりよい学級づくりに向けて挑戦し続けなければならないゆえんです。その結果として、子どもたちの「学びに向かう力」が鍛えられ、学びの主体となり、ゆくゆくは自分の力で自分自身を鍛え上げていくことができるようになるのだと思います。

ここで、新しい学習指導要領の骨格を示した中教審答申の提起について触れておきたいと思います（一部抜粋要約、ルビ点は筆者）。

○今回、子供たちの学習や生活における学校や学級の重要性が、今一度捉え直されたことを受けて、（中略）総則においても、小・中・高等学校を通じた学級経営の充実を図り、子供の学習活動や学校生活の基盤としての学級という場を豊かなものとしていく。
○子供たちにとって学習の場であり生活の場である学校において、教員の指導は、学習指導の側面と生徒指導の側面を持つ。
○全ての教科等において育む「学びに向かう力・人間性」が整理されることにより、今後、教科等における学習指導と生徒指導とは、目指すところがより明確に共有されることとなり、更に密接な関係を有するものになる。
○学習指導と生徒指導とを分けて考えるのではなく、相互に関連付けながら充実を図ることが重要であり、そのことが、前述した学級経営の充実にもつながる。

これまでの学習指導要領において、これほどまでに学級経営の重要性について提起されたことはありません。これは、「学びの質に着目して、授業改善の取組を活性化しようというのが、今回の改訂が目指すところである」と宣言しているように、**授業改善は今回の改訂の核であり、学びに向かう学級がその基盤となる**ということです。

これは、私たち教師にとって願ってもないチャンスです。

新しい学習指導要領が求める授業改善は、先人たちがこれまでに積み重ねてきた実践の成果を活かしつつ、そこからのイノベーションとクリエイションを求めています。その実現には、まずは私たち教師がアクティブ・ラーナーとして、真摯に学び続け、勇気をもって挑戦し続けていく必要があります。

本書の共著者である相馬さんと私は、平成25年度に出会いました。

当時の校長先生の助言をきっかけに、空き時間（専科の授業時間など）を活用して、普段の互いの授業を見合い、授業や子どもたちについて語り合い、授業力を磨き合うようになりました。2年後、私は異動することになりましたが、その後も、共に研究会に参加したり、自分の努力や成果、悩みごとなどを報告し合ったりしています。

この過程を通して、「授業力を高めるためには、目指す方向性を同じくする同僚の存在が大きい」ことに私たちは気づかされました。今は、それぞれの勤務校の研究主任として、校内にそのような同僚性を築くことができるように取組を進めています。

私たちは、経験の浅い、いわゆる若手教師です。毎日の実践のなかで失敗もたくさんあります。子どもたちや保護者とうまくいかないことがあったり、同僚との関係にも悩んだりすることもあります。しかし、そのような私たち若手教師の強みは、これまで当たり前だと思われてきたことにとらわれることなく、新しいことに挑戦し続けることにあると思っています。

本書で語ったことは、「これが絶対に正しい」という唯一無二の答えではありません。私たちが授業研究を重ねたり、多くの方に指導をいただいたりして、辿り着いた今の段階での私たちなりの答えであり、途中経過であり、展望です。

特に、「『学びに向かう力』とは何か？」といった疑問に直接的に答えるものではなく、総じて、子どもたち一人一人の「学びに向かう力」や、学級の「学びに向かう力」を育てるための授業の在り方、その結果どのような学級文化が育まれるのか、授業力を磨く同僚との関係性の在り方について、今の私たちなりに辿り着いた考えや方法をまとめました（私は主に低学年、相馬さんは高学年をベースとしています）。

本書を手にとってくださったみなさまにおかれては、同じ時代に教師として生き、同じような悩みを抱えながら実践し続ける仲間として、議論に花が咲き、輪が広がり、実践の質が少しでも高まることを願っています。

平成29年2月吉日　松村英治

目次

第3章 学びに向かう学級をつくる

第1章

いい授業が、いい学級をつくる

1年間の学びのつながりを可視化・自覚化しよう！

単元間、教科間の学びの連続性に気づいてこそ必要な「資質・能力」は身に付く

「たし算の学習を終えた直後のワークテストはよくできる」「ひき算の学習を終えた直後のワークテストもよくできる」、それなのに「1年間のまとめのワークテストになると、どうしたわけか理解できていたはずのことが、できなくなっている…」こうしたことを体感されている先生は少なくないのではないでしょうか。

これは、単元ごとの学びが、子どもの文脈のなかでつながっていないことに理由があります。ただ、そうは言っても、「たしざん」の単元であればたし算の学習内容で手いっぱい、先々の単元とのつながりまでは思いが至らない、ましてや他教科等の学びとのつながりまで考えるのは、なかなかむずかしいことでもあります。

しかし、子どもたちが必要なときに、必要な計算方法を選択したり、順序立てて計算したりすることができないならば、やはりその教科で身に付けておくべき「資質・能力」は備わっていないことになります。

たとえ、単元ごとのワークテストがよくできていたとしても、子どもにしてみれば、「たし算のワークテストだから、たし算に決まっている」という考えが働いた結果かも

しれないのです。このような子どもの姿が見られたら、学習が単元ごとにぶつ切りになっていないかなど、私たちの指導方法を見直してみるよい機会だと思います。こうしたことは算数科に限らないでしょう。（なかなか困難ではありますが）**子どもたち自身が1年間の学びのつながりを可視化し、その構造を自覚化することが大切**なのだと思います。

そこで、（どの教科でもよいので）教科を1つ選び、子どもたちの学びをどうつなげるかを考え、その機会をつくってみるとよいと思います。できれば、「この場面だったらいけるかな」と思えるチャンスを見逃さず、そのつど学びをつなげる機会を1年を通じて何度もつくっていくのです。

3学期の終わりにまとめてつなごうとしても、なかなかうまくいきません。ある時点まで遡って学習を振り返り、さらに他の学習がどうだったのかと思い起こさせるのは、子どもには荷が重いでしょう。

「チャンスを見付けたら、そのつど」です。そのほうが、子どもたちもいま手元にある学習ですからリアルタイムに考えられるので、違和感なく学べるのではないかと思います。

1年間の学びのつながりの可視化・自覚化は、その子の「見方・考え方」を鍛え上げる

1年生算数科や国語科の単元をもとに、1年間のつながりを可視化・自覚化するプロセスを紹介します。

1 【算数科】単元のはじめに既習事項と未習事項を整理する

「たしざん」の第1時の冒頭で次の5つの式を提示し、「次の5つのなかで、習ったものと習っていないものはどれかな?」と問いかけました。

①5＋4
②12＋3
③9＋6
④2＋3＋1
⑤7＋9

このうち、①②④は既習事項、計算することによって答えの桁が繰り上がる③⑤が未

習事項でした。ところが、子どもたちの反応は、私の予想とはまったく異なるものでした。ほぼ全員の子どもが、①④が既習事項、②⑤が未習事項だと答えたのです。

そこで、なぜそう答えたのか理由を尋ねると、各式の答えが10を超えるか否かがその判断基準となっていたようです。他方、③については、意見が半々に割れ、「よくわからない」と答えるなど混乱しているようでした。

こうした姿から、1年生の秋の単元の時点で、自分たちがこれまで何を学び、何を学んでいないかがわかっていないという事実が浮かび上がったのです。

私は、ここが子どもたちの学びをつなぐチャンスだととらえました。そこで、「桁」の考え方を簡単に説明し、次のヒントを出しました。

「一桁と一桁のたし算は習ったかな？」

「答えが10を超えないものはどうだっただろう？」

「答えが10を超えるものでも、たし算したことで答えが次の10を飛び越えないものは習ったかな？」

いずれも「習った」と答えが返ってきます。

「では、たし算したら、答えが次の10を飛び越えるものはどうだったろう？」

「あ！」子どもの何人かが気付きます。「それは、習ってないかも！」

「それでは、みんなが習ってない式はどれ？」

一つ一つヒントを出しながら既習事項と未習事項を整理することで、子どもたちは自分の学びをリフレクションし、新たな学習につなげていくことができます。このようにして、次からはじまる単元で学習する内容を明確にしていきました。すると、「ひきざん」の単元のはじめにも同じ活動をしたところ、子どもたちから、理由を明確にしながら既習事項と未習事項を整理する姿が見られるようになったのです。

2 【算数科】単元の途中で、他の単元での学びを活用する

「どちらがながい」では、身の回りにあるものの長さを任意単位のいくつ分としてとらえ、数として表したり比較したりできることを学習します。

この単元でつまずきやすいのが、「どちらがどれだけ長いでしょう?」という問いです。このタイプの問題は、この先の学習の「どちらがおおい」「どちらがひろい」でも登場します。私の学級では「どちらがどれだけ問題」と呼んでいます。

これまで「『どちらがどれだけ問題』は、ひき算だ」と教えていたのですが、どうも定着が芳しくありません。そこで発想を変えて、次のように発問してみました。

「『どちらがどれだけ問題』って、いままで勉強したことがあったよね。だから、教科書のどこにきっと隠れているはず。ちょっと探してみない?」

すると、子どもたちはページをめくり、友達と相談しながら探しはじめました。しばらくすると、「あったよ!」と声があがります。彼らが探し出したのは、1学期に学習

した「のこりはいくつ　ちがいはいくつ」（求差の場合の減法）の学習でした。

このように探し当てたということは、「どちらがどれだけ問題」の答えを出すのはむずかしくとも、同じタイプの問題を見付けることはできることの証左でした。つまり、「どちらがどれだけ問題」の「見方・考え方」は何となく、身に付いていたのです。

すでに知っているはずの問題だと気付くと、子どもたちは「あのときは、こうだったから…」と考えはじめます。これは、他の単元での学習を活用し、学びをつなげている姿そのものでした。それからというもの、体積や面積の単元でも同様の活動を繰り返したところ、学習の定着はぐっとよくなりました。

3 【国語科】以前使用したノートを活用する

「読むこと」の学習では、これから学ぶ文章が「物語文（文学的文章）」なのか、それとも「説明文（説明的文章）」なのかを、まず単元のはじめに押さえます。毎時間の授業の冒頭でも、そのつど確認します。これが布石となります。

そして、次の単元に移ったときに、次のように問いかけます。

「前に学習した説明文はどんな題名だったかな？」

すると、どれとどれが説明的文章同士で、どれが文学的文章同士なのか、単元を越えて（学んだ順番を越えて）子どもの文脈のなかにつながりが生まれていきます。

さらに、一度学んだ方法を繰り返し活用します。

たとえば、説明的文章では、問いと答えを確かめる際、事例を通して説明されていることを表に整理しておくようにします。そして、次の説明的文章のときに、以前整理したノートをもってこさせて、そのときの表と見比べながら新しい文章を読み解かせていくのです。すると、学びの今と昔がつながり、子どもは意欲をもって学習を進めていけるようになります。

＊

1年間の学びのつながりが可視化されて、その構造を自覚化できるようになると、学習内容が再現性や蓋《がい》然性で紐付けられ、その子の文脈のなかに学びの連続性が生まれます。こうしたことが、学んだことの定着につながり、ワークテストなどの結果に表れるのだろうと思います。

授業でも、「前にやったよね！」「今度は自分たちでできそうだ」といった声が、子どもたちから上がるようになります。まさに学んだことを自ら活用しようとする姿です。そのような学びに向かっていこうとする気運が学級を活気づかせます。

そんな子どもの姿が生まれるには、私たち教師自身が1年間の学びの見通しをもつことと、単元の前後のつながりを意識して教材研究することが大切なのだと思います。

（松）

02

「おしゃべりタイム」で表現力を鍛える

おしゃべりの魅力

「授業中に教師に促されて発言する」、あるいは「隣同士で友達と話し合う」こんな場面で、どの子も自信をもって自分の考えを発言する姿、友達の考えを共感的に受けとめ、自ら学習を推し進めていく姿を、私たち教師は夢見て授業に臨んでいます。

しかし、現実の学級では、そんな子は多くはありません。表情は堅く所在なさ気な子、内心「間違ったらどうしよう」「怒られたら嫌だな」と思いながら発言する子、蚊の鳴くような声でようやく話をする子などのほうが多いのではないかと思います。私の学級も、ご多分に漏れずにそんな調子で、何とかしたいと思っていました。

それが、あるときのこと。日常当たり前に見ていた風景のなかに「あっ！」と思う気づきがありました。それは、授業中はぼそぼそとしか話せないような子どもたちが、休み時間になった途端に、生き生きとした表情、はきはきとした声、しかも身振り手振りまで交えて、友達とのおしゃべりを楽しんでいるのです。

「灯台もと暗しとは、まさにこのことかも…」そう思った瞬間でした。**子どもたちは、「発言」だと尻込みしますが、「おしゃべり」だと夢中になる**のです。そこで、私は、子どもたちがおしゃべりする様子を観察しながら、その魅力について考えてみました。

「この間さぁ、テレビでイルカの特集をやっててね！」（話したいことを話すことができる）
「うんうん。それで、どうしたの？」（話したいことを聞いてくれる相手がいる）
「イルカって、名前で仲間と呼び合うんだって！　知ってた？」
「知らなかった！　へぇー、名前があるんだぁ」（自分が話したことに対する返答がある）

こんなやりとりは、子どもたちに高揚感と喜びをもたらします。だから、その会話は対話となるのです。さらに盛り上がれば、もしかしたら友達同士で調べ合って、「イルカは口笛でお互いを呼び合う」「人とイルカだけがもつ伝達方法」といった知識・理解にまで発展するかもしれません。まさに、主体的であり、対話的な調べ学習そのものです。こうした魅力と可能性が「おしゃべり」にはあるんだな、と私は理解したのです。

そこで、私は「おしゃべりの効用を、ぜひ授業で活用したい！」と思い、考案したのが「おしゃべりタイム」です。

おしゃべりタイム

算数で文章題を解くとき、先生方はどのように発問されているでしょうか？　これまでの私は、ごく普通に「この問題の式は、何算になるでしょう？」と問いかけていました。その問いを次のように変えてみました。

「この問題の式は何算かな？　それはなぜ？　さぁ、近くの友達とおしゃべりタイム1分！」

その瞬間、教室中が「わっ」と活気付きます。それは、私の想像を遙かに超える子どもたちのリアクションでした。

この日を境に、現在の私の学級では、「おしゃべりタイム」と称して、対話をする時間を設けています。この「おしゃべりタイム」には、いくつかの種類があり、時と場合に応じて使い分けながら、子どもたちに指示を出します。

1　「おしゃべりタイム」の視点

視点の1つめは、誰とおしゃべりさせるかです。

私は、2人で考えてほしいときは「隣の友達とおしゃべりタイムだよ！」と指示し、3～4人程度で考えを出し合ってほしいときは「次のおしゃべりタイムは近くの友達とね！」と指示します。

視点の2つめは、何のためにおしゃべりするかです。

たとえば、ブレインストーミングのように、発想力を発揮しながら多様でたくさんの意見を出させたいときには、「ペアでできるだけたくさんのアイデアを出してみよう。わいわいおしゃべりタイム、スタート！」と指示します。すると、子どもたちは、指を折りながら、他のグループと競い合うようにしてアイデアを出していきます。

また、ほとんどの子どもたちが理解しているだろう事柄について友達と確認し合ってほしいときには、「この問題の式はどうなるでしょう。ペアで確認タイム！」と指示します。すると、子どもたちは、友達と顔を合わせて「8＋4！」などと確認した後で、自信をもって挙手してくれるようになりました。

2　授業のなかで「おしゃべりタイム」を挟むタイミング

文字どおり「いつでも」「どこでも」「何度でも」です。特に、教師の説明が多くなりそうな授業では、5分間置きに挟みます。「ここまでで大事だなと思ったことを、隣の席の友達に1つ伝えよう！」

子どもたちの多くが、何かを話したくてうずうずしていることもあります。これは、自分なりの答えが頭に浮かんでいるときなので、確認するための「おしゃべりタイム」。挙手を促し、テンポよく授業を進めていきます。

逆に、教師の説明に対し、怪訝そうな表情をする子どもが多ければ、「自分がわからないと思うことを近くの人とじっくりおしゃべりタイム！」と言って、机間指導を行います。そうすれば、子どもたちのおしゃべりから、どんなところでつまずいているかを見取ることもできるでしょう。

「小さい『っ』が付く言葉にはどんなのがあるか」といった、問題の答えが無数にあるような場面では、「ペアでできるだけたくさんの言葉を考えてみよう！時間は3分間。

よーい、どん！」と指示すれば、子ども同士ぱっと向き合って言葉を探しはじめます。

自分の考えをアウトプットする場を設ける

「おしゃべりタイム」を行うことの意義は、教室にいる全員の子どもたちが、自信とワクワク感をもって自分の考えをアウトプットする場をつくることにあります。

「おしゃべり」を通して友達と交流できれば、「今度は何を話そうか」「どうすれば友達に伝わるかな」と自然に考えるようになります。ありがたいことに、私の学級では、受け身の姿勢の子どもがだいぶ減りました。

＊

ペア学習やグループ学習というと、つい形式にとらわれてしまいがちですが、そこは肩の力を抜いて「おしゃべりタイム」と考えればよいと思います。すべての子どもたちの頭と心が目覚め、学習に主体的に取り組むことができれば、学力もぐっと上がってくるはずです。

（松）

「真似び合う」関係をつくろう！

「自力解決が大切だ」とは言うけれど…

「さぁ、みなさん、この問題を解いてみましょう」と促すと、すぐに鉛筆が動き出す子どもがいます。それとは対照的にいつまで経っても手が動かない、あるいは、隣の席の友達が書いていることをこっそり覗き見している子どもがいます。私たちが日常的によく目にする光景の1つです。

現実にこのような子どもがいると、私たち教師は、つい次のように叱ってしまいます。

「ちゃんと自分で考えなさい！」

この言葉の裏側には、教師のこんな思いがあります。

「楽をしようとしているのではないか」
「先生からの丸がほしいだけなのではないか」
「自分で考えない限り、学習したことが身につくはずがない…」

新しい学習指導要領が求める「資質・能力」の3つの柱の1つに「思考力・判断力・表現力等」があります。なかでも、思考力は古くから大切にしてきた課題ですから、自分の頭で考え、自力で問題を解く、課題を解決することは確かに大切です。

しかし、だからといって、ただ闇雲に「自分で考えなさい」と促しさえすれば、子どもが自力で思考力を獲得できるわけではないことも、私たち教師はよく知っています。ここに自力解決のむずかしさがあります。

では、そもそも、子どもはなぜ、手の動いている子どもの書いていることを覗くのでしょう？　思考力が足りていないからでしょうか？

問題を解くために前提となること

結論から先に言うと、彼らが手を動かせないでいるのは、問題を解く能力がないからでも、思考力が足りないからでもありません。そもそも問題を解くために必要な前提となる知識・技能が未開発なのであり、思考力の働かせ方を知らないからです。

「解き方がわからない」
「解き方の見当はついているけれども自信がない」
「書き方がわからない」
「書き出しが思いつかない」
「どう考えたらよいかがわからない」、そもそも「問われていること自体わからない」

このように、彼らは、問題を解くためのスタートラインに立てていません。

子どもたちの「わからない」の様相は多様です。１つの型に押し込められるようなものではありませんが、本質的には共通しているのです。

それは、問われている問題をどうとらえればよいかという「見方」、それをどのように解けばよいか、書けばよいかという「考え方」、すなわち自力解決を行うために必要な「見方・考え方」が身についていないのです。

このことは、子ども自身も何となく感じとっています。「問題の答えは何か」以前に、「どうすればよいかわからない」。それでは「ほかの子はどうしてるんだろう」と隣の席の友達の書いていることを覗き込むわけです。

そこには、「わからないこと」を「わかりたい」と思う子どもの意欲や願いが見え隠れしています。

「わからないけれども、わかろうとしている」

「友達の考えをヒントにして、自分の考えをつくろうとしている」

「自分が必死に考えたことが合っているのかを確かめようとしている」

このような、隣の友達が問題を解く「見方・考え方」を知ろうとする姿でもあるのです。そして、それは、真似ではあるけれど、自分なりに「ちゃんと書きたいから」にほかなりません。

いっそみんなで真似しまくろう！

そこで、自力解決を促す前に、ちょっと発想を変えてみるのもよいと思います。そのほうが、子どもにとってはもちろん、教師にとってもよいことがあるからです。たとえば、次のようなルールです。

わからないときには、隣の席の友達が書いていることを、

①見てもよい。
②真似してもよい。
③隣り合う子だけでなく、思い切って席を離れて、いろいろな友達の考えを見に行ってもよい。
④そして、何かを書けそうな気がしたら自席に戻って自分なりに考える。

実を言うと、①～④は私の学級でのルールでもあります。

実際に、このルールにのっとって授業を進めると、書くことが何も思いつかない子どもや不安な子どもは、書きはじめた友達の様子を見たり、離席して自分のヒントになり

そうな友達を探しはじめたりします。そして、自分でできそうな気がしたら、すっと戻ってきて鉛筆を持ち、書きはじめます。

そして、ここからがおもしろいのですが、そうやってヒントを得て書き終えた子どもは、自分と同じような友達を求めて再び席を離れ出します。友達を見つけると、「ねえ、一緒にやろうよ！」と声をかけ合い、ワークシートを交換して読み合いをはじめます。

読み合うことで、自分の書いたことと比べ合います。似ていれば自信をもつし、逆に全く違う考えに触れると、そこに新たな発見をしたりします。新たな発見は、自分の席にもちかえってつけ足しする、あるいは、友達から誤字脱字を指摘されると修正しながら完成度をあげていきます。こんなやりとりが日常的に生まれるようになるのです。

こうした積み重ねは、「自分はどう書けばよいのか」「どう考えればよいのか」「問題や課題に出合ったとき、どうとらえればよいのか」といった問題解決、課題解決を行ううえでの自分なりの「見方・考え方」を鍛え上げていきます。

それに加えて、自分が見たり、友達から見られたりすることを当たり前だと考えるようになり、いつしかお互いを許容する文化が教室に根づいていくのです。

自分が何かわからないときにこそ、友達から学ぶことの必然性が生まれます。すると、もうその学級では「ずるい！」「見ないで！」という声は聞かれなくなります。なぜなら、友達に見てもらえるということは、自分の考えが友達の役に立っているということを子どもたち自身が知るからです。

もちろん、テストのときや、学級の全員が授業内容を理解しているかを確認することを目的としている場合には、真似をするルールは適用しません。「学習したことを振り返るために（自分は何ができて何ができないかを確かめるために）、友達の真似をしないで書きます」と、事前にしっかりと伝えます。逆に言うと、こうした指示がない場合には、いつでも友達の真似をしてもよいということです。

学びに向かう学級文化

「自力解決」と呼ばれている時間は、わからない子どもにとっては孤独で不安な時間です。何も書けないまま、時間が過ぎるのをただ待たなければなりません。

個別指導の充実などと言われていますが、わからない子どもが何人もいる場合（ほとんどがそうだと思いますが…）、教師1人ですべてに対応するのは、現実的には困難です。理解の助けとなるよう「ヒントカード」を提示する取組などもありますが、毎時間用意するわけにもいきません。

それならばいっそ、子ども同士が覗き合い学び合う、いわば「真似び合う関係を築いたほうがよいのではないか？」と考えたのです。この方法は、思わぬ副次的な効果を教師にもたらします。教室に、自立した学び手が増えるわけですから。

するとと、教師のなかに余裕が生まれ、子どもをじっくりと見ることができるので、本当に困っている子どもを見つけ出すことができます。そうできれば、その子どもに寄り添い、支援することもできます。

もし、友達の真似だけで満足してしまう子どもがいたら、それこそ個別指導で、真似をする意味などをその子とじっくりと話せばよいのだと思います。学級全体で、友達の真似をすることについて、共通理解を図るための話し合いを設けることも考えられます。

しかし、本質的には、真似をすることだけで心から満足する子どもはいません。**理解と納得のないところに、学ぶ楽しさはない**からです。どの子どもも、心の底では、自分の考えをもち、それを表現したいと願っています。

＊

こうした取組は、4月当初からはじめるほうがよいと思います。学級が「できあがる」のを待つ必要はありません。むしろ学級が未完成の時期に、このようなルールを通して子ども同士が学び合うトレーニングを積むのです。すると、学級に学びに向かう文化が生まれ、私たちが本当に目指す姿に一歩一歩近づいていくのだと思います。

（松）

04

「書く力」を本気で育てる

どの教科であっても、学習方法の基本は書くこと。

黒板を写す、日記を書く、記録を取る、漢字を練習する、人の話を聞いてメモを取る、物語・説明文を書く、自分の考えをまとめる…ざっと挙げるだけでも、授業では様々な書く場面があります。

なぜ、私たち教師は子どもに書かせるのか、それはできるだけたくさんの物事を、様々な視野から、多面的に考えさせたいからです。

子どもたちは学習を通して思考し、書くという行為を通して自分の考えをアウトプットします。そのようにして、学びは展開され、定着していきます。

書くことは考えることです。想像力を働かせる（予想・仮説・構想・見通し）、思い浮かんだことを整理する、自分とは違う考えと比較する、関係づける、自分なりの結論をまとめる…。

しかし、残念ながら、書くことが苦手な子、それなりに書けるけど好きではない子は実に多い。多いから、私たち教師はどうすればよいかと日々頭を悩ませています。

しかし、どんなに書くことが苦手な子どもであっても、書く能力がないわけではないように思います。「何を」「どうやって」書けばよいかわからない、つまり「書き方」が身についていないのだと思います。

「自分で考えて書きなさい」と私たち教師はよく言います。しかし、「書き方」がわからなければ書きようがありません。無理くりひねり出して、とにかくも言葉をつなぎ合わせても、数行で書けなくなってしまう。それを咎《とが》め立てして、「もっとほかにも書くことあるでしょ」と言われたら、書こうとする意欲はすっかり萎んで消えてしまうでしょう。

そこで、ここでは子どもの書く力を育てる指導について考えていきます。

1 教科書の真似をする

私は、よく次のように子どもたちに伝えています。

「教科書は最高のお手本だよ。だから、どんどん真似しよう！」

実際にそう伝えてみるとわかるのですが、最初のうち、子どもは教科書の真似をしようとはしません。これまでにそんな指導を受けたことがないからか、「え！そんなことをしていいの？」と違和感なり罪悪感をもちます。だから、私は何度も伝え続けます。

「本当に真似していいんだよ。ちょっとやってみようよ」

すると、少しずつ教科書の内容を視写しはじめます。

以前、私の知人の編集者がこんな話をしてくれたことがあります。

「小・中学生のころ、文章を読むことも書くことも、すっごく苦手。それなのに、なぜか、大学生になって不意に小説を書いてみたくなったんです。でも、どう書いていいかさっぱりわからない。そこで、当時気に入っていた小説を何冊か、最初から最後まで書き写してみたんですよ。すると、いつの間にか自分なりに書けるようになっていました。自分でも本当に驚くような体験でしたね。ただまぁ、実際に自分で書いてみた小説の評判は、あまり芳しくなかったんですけど…」彼は、そう言って笑っていました。

大昔、印刷技術がなかったころ、宗教などの教典はすべて視写によって複製されていました。視写によって教典が広まり、視写によって熟達した伝道者を数多く生み出したと言います。優れた文章を書き写す行為は、驚くほどの効果をもたらすのだと思います。

それともうひとつ、子どもたちが書くことから逃避する理由に不安感があると思います。「こういう書き方でいいのかな」と頭をポリポリ、「これで合ってるのかな？」と周囲をきょろきょろ。私は、そんな彼らの姿を見て、友達の真似を推奨するようになりました。

本書の共著者である松村さんも、1つ前のテーマで同様のことを書いていますが、友達が書いた文章を読み、参考になるところはどんどん真似すればよいと思うのです。そうやって真似をしながら書き続けていくことを通して、自分の考えや書きたいことが生まれてきます。やがて、それは自分の文章になっていくのです。

2　日直作文

私は子どもたちに日直作文に取り組ませています。『作文力を伸ばす、鍛える』（野口芳宏著、明治図書出版、平成17年8月）を参考にしました。

日直作文とは、日直になった子どもが、黒板に書く作文です。日直当番の朝は早めに登校し、家で書いてきた作文を黒板に書き写します。みんなが登校したら、日直は、朝の会で自分が書いた作文をみんなの前で読みあげます。

作文といっても、内容は問いません。自由です。文章量も子どもに任せます。

日直作文の肝は学習したスキルを使わせることです。たとえば、次のようなスキル・テーマを設定します。

[テーマ①] かぎかっこを必ず使う。

[テーマ②] オノマトペを使う。

[テーマ③] 気持ちの変化を書き表す。

スキル・テーマに沿って日直さんが作文を書き、学級の子どもたちの当番が一巡したら次のテーマとなります。私の学級の児童数は34人、日直は2人制なので、1スキル・テーマにつき回数は17回、およそ3週間で一巡します。

最初、「明日から日直作文をはじめるよ!」と言って、ルールを説明したところ、子どもたちからは「え〜! そんなのやだよ〜」の声があがりました。みんなの前で読まないといけないことへの抵抗感もあるし、何より面倒という気持ちが先行しているようでした。

しかし、いざスタートしてみると、子どもたちの反応は180度変わります。学校行事のために朝の会が削られることになり、「明日の日直作文はお休みね」と伝えたときには、子どもたちから「え～！　そんな～、やりたいよ～日直作文」の声。すっかり楽しくなった子どもたち。現金なものです。私の学級では、とても人気のある活動の1つになりました。

無理なくできる継続性のある活動です。かぎかっこの使い方、会話文のつくり方、改行の仕方、句読点のうち方、比喩の使い方など数多くの書くスキルを習得します。6年生の卒業文集で、どの子もみな原稿用紙を正しく使えるスキルを身につけていることに気づいた私はたいへん驚きました。日直作文、おそるべし、です。

日直作文には、ほかにも（テーマとなるスキルの習得や楽しいというだけでなく）いくつものすごい効果がありました。

①どの子もたいへん丁寧に、文字に気をつけて書くようになった。
②表記の誤りについて学級全員で確認するため、本人だけでなく全員の勉強になった。
③友達からよいところを言ってもらえるので、充実感が生まれた。
④間違えたくない思いがあるので、文章を推敲する力が身についた。

⑤友達が使っている優れた表現を真似するので、書く技術が向上した。

3 「パン、具、パン」

日直作文は、学習した内容を活用して文章を書くトレーニングです。学習内容の定着を図るため、無理なく繰り返せる活用の活動をたくさん設定します。どの教科でも同じです。算数科への転用を意図するならば、「はじめ、中、終わり」を使って、問題の解き方の手順を書くよう指導します。

子どもたちには「パン、具、パン」という言葉を使って説明します。パンは「はじめ」と「終わり」を表し、言いたいことの中心です。具は「中」にあたり、言いたいことを具体的に説明する部位です。

「具が上手に書けるとパンの味がよくなるよ。美味しいパンをつくって食べよう！」

この「パン・具・パン」は、子どもたちにすっかり定着し、読書感想文、卒業文集などでも彼らなりに応用して書くようになりました。まさに活用の継続性のもつ効用なのだと思います。

（相）

05

「育てたい力」を明確にする

自分の変化や成長に気づける、だから「資質・能力」が育っていく

「この学習活動を通して、子どもたちにどのような力を育てたいか？」新しい学習指導要領が求める資質・能力を考える際の問いです。私は、この問いに答えるために、「学習活動を終えた子どもたちが、自分の変化や成長に気づけるようにする」ことを特に重視したいと思っています。

というのは、資質・能力の3つの柱（「知識・技能」「思考力・判断力・表現力等」「学びに向かう力・人間性等」）を表面的にとらえてしまうと、目に見えるスキル、結果の出来映え・見栄えにとらわれてしまうリスクがあるからです。学校行事などの教科ではない学習活動であれば、楽しいだけの活動で終わりかねません。

私は、ワークテストなどで数値化することがむずかしい活動こそ、私たち教師が「子どもたちに育てたい力は何か」を明確にもち、子どもたちや保護者と共有しながら、その実現を目指していくものだと考えています。

ここでは3つの学習活動の場面を通して、（子どもたちに）育てたい力を明確にすることについて考えていきたいと思います。

［ケース1］運動会の表現リズム遊び

学校行事のメイン・イベントの1つである運動会。特に、（低学年では）表現リズム遊びの発表が大きな注目を浴びます。保護者からの熱い視線が集まりますから、つい出来映え・見栄えを気にしてしまうのも無理からぬことではあります。

しかし、言うまでもなく、私たち教師は、子どもたちを小さなダンサーにしたいわけではありません。

私は、いろいろ考えた末、次の3つの力を育てたいと考えました。

①友達とリズムや動きを合わせる心地よさを感じる力
②友達のことを自分ごととして考える力
③自分の意志を貫き通す力

もし①～③の力を育てることができれば、子どもたちは表現リズム遊びの演技を通して、自分の変化や成長に気づけるでしょう。のみならず、学級経営にも大いに寄与するでしょうし、結果的に保護者にとって満足のいく発表にもなるのだろうと思います。

次の年の運動会では、さらなるアップグレードを目指して、「子どもたちに『考える余地』をもたせられるような演技・競技にしよう」と学年の先生方と語らいました。

そこで、入場の際、自分の好きなスポーツの真似をしながら、曲に合わせて校庭を駆け回るというパフォーマンスを取り入れました。子どもたちの考えた即興的な表現です。このような「考える余地」をつくったことで、子どもたちが本来もっている個性や明るさ、表現力が発揮され、自分の変化や成長への気づきを伴った充実した演技となりました。

[ケース2] 遠足での学級遊び

特別活動に位置づく遠足のねらいは、次の2つだと考えます。

①学級において、よりよい生活づくりに参画する自主的・実践的な態度を育てること。
②集団への所属感や連帯感を深めること。

「すべての子どもたちが、主体的に活動することなどあり得るのだろうか？」私はずっとそんな思いを抱いていました。しかし、私はあるとき気づいたのです。「どうも私は、どんな活動でも自分が主導しなければならないと思い込んでいたのではないか…」、そうではなく、「いっそ、子どもに任せられることは任してしまっていいんじゃないか」と考えるようになったのです。そのほうが子どもを見守る余裕も生まれるし、実際にやってみると不思議なもので、それまでよりも子どもたちの活動がより主体的になっていきました。

大切なことは、「どこまでなら子どもに託してもよいのか」を吟味することだと思います。そうでなければ、せっかくの遠足も、教師が決めた場所に行き、教師の案内で行動し、教師の指示で遊ぶことになってしまう…。

4月、1年生を受けもっていた私は、遠足が子どもたちの主体的な活動の場となることを目指して、まず学級遊びの時間を、子どもたちが自分たちの力で活動を展開する時間にしようと決めました。4月中旬、学級活動の時間には、子どもたちが話し合って遠足での遊びの内容や、遊ぶのに必要な役割、その分担を決めるようにしました。

5月の遠足、子どもは自分たちで考えた遊びを、拙いながらも自分たちの力で進行していきます。

しかし、その日は生憎の曇り空。子どもたちが「やろう」と決めていた影踏みはできそうにありません。担当の係の子は、「影踏みは最後にやります。理由は、おひさまが出ていなくて影がないからです」とみんなに伝えていました。「おぉ！学習になってる、なってる」と内心喜びを噛みしめながら、彼らのやることを黙って見ていました。

結局、最後まで太陽は顔を出してくれなかったので、「影踏みをやめて、ハンカチ落としを続けよう！」となったのですが、自分たちが考えた計画を臨機応変に変更する子どもたちの姿がありました。

もし教師である私が前に出て主導していたら、遊びそのものはもっと洗練されたものとなったかもしれません。しかし、遊びながら自分なりに考え、友達と相談しながら、「だったらこうしてみよう」と働きかけ合う姿を見ることはできなかったと思います。

［ケース3］長縄の八の字跳び3分間チャレンジ

区の教育委員会の方針で、初任のころの3年間、学校全体で長縄の八の字跳びに取り組んでいました。この取組では、跳べた回数を競い合います。時間は3分間。このような活動だと、跳べたか否か、技能面のスキルについ目が向きがちですが、私は、精神面と合わせてバランスよく育てたいと考えていました。

技能は精神を鍛える土台。全員が八の字で跳べてはじめて、スタートラインにつける活動です。そこで、技能面では、私自身が跳ぶ方法を研究し、その正しい方法を教え、正しい練習方法にのっとって、まずは学級全員が確実に跳ぶことができるようになることを目指しました。

精神面では、「土壇場で実力を発揮する力」を育てることを目指しました。

3学期にもなれば、3分間で200回跳ぶことが可能です。30人学級であれば、1回のチャレンジで1人あたり6〜7回のジャンプ。たった1回縄に引っかかるだけで、記録が一気に下がります。子どもにしてみれば、かなりのプレッシャーです。こうした緊張に打ち勝つ力、自分の気持ちをコントロールする力、3分間集中し続ける力をつけるために、練習では本番さながらの緊張感をもたせるように声をかけ続けました。

次の段階は、子どもたちに託すことです。彼ら自身で目標を立て、それを実現するための練習計画を考える、目標をクリアできたらまた次の目標を立てるというサイクルで練習を進めるよう促します。記録が伸び悩んだときにも、彼ら自身で話し合う指導に変えていきました。

記録会の前日の夜は、眠れないくらいに気持ちが昂ぶる子もいるのですが、本番で力を発揮し、今までにない記録が出れば、泣き崩れながら達成感を味わえる経験を積むことができます。逆に、うまくいかなくってもいいのです。本気で取り組んだ結果、失敗した末に流した悔し涙も、次の活動につながります。

こうした一喜一憂を経験できるのは高学年だけの特権ではありません。1年生でも同じです。

〈記録会での1年生の感想文〉

[Aさん] わたしは前からみんなと長なわをして、ずっとしんきろくがでなくて、きょう声をかけたり前のことを思いだしたりしながらとんだら216かいになって、みんなでよろこべたのがうれしかったです。

[Bさん] ほんばんでは216かいになりました。りゆうはCくんのおかげです。Cくんが前をつめてくれたからです。前は心が1つになれてなかったけど、いまはな

れる。前は心がつよくなかったけど、いまはつよくなった。

教師としての思いや願いをもつこと、子どもに育てたい力を明確にすること、それを実現する指導を創意工夫すること、これらによって子どもたちは確実に育ってくれると思います。

教師一人の指導だけではむずかしい子どもの育ちです。同僚や保護者の協力が必要なゆえんです。特に、私は仲間の先生方の助けがあるおかげで、日々の実践に取り組めているように思います。

（松）

「楽しい」ということ

私は、わずか数年前まで「勉強が楽しい」「学校生活が楽しい」など「楽しさ」というものを重視していませんでした。むしろ軽視していたというほうが近いでしょう。

初任のころは特に顕著で、「世の中に出れば、楽しくないことはいっぱいある」「楽しさよりも必死でやることのほうが大事」「要は、勉強ができる・わかるようになればいいじゃないか」と考え、教壇に立っていたのです。

その後、自分が間違っていると思い知らされる出来事に出合います。

「松村さんの学級って…なんか冷たい感じがするんですよね」そう指摘したのは、本書の共著者である相馬さんです。「子どもたちは、目を輝かせてすごく一生懸命やっているようにも見えるのだけど…何かあたたかみが感じられないような気がします」

教職2年目の1学期、生活科の「生き物飼育」の授業を見てもらった日の放課後のことでした。私は愕然とします。

確かに、私は子どもたちと明らかに距離をとっていました。子どもたちの心に踏み込むべきときに踏み込まない。それが相馬さんには「冷たい学級」に映ったのでしょう。

しかし、教職2年目とはいえ、それなりにはできていると思っていたので（思い込もうとしていたので）、まさかそんな私の心のうちを見透かされるとは思いもしませんでした。

そのころの私の心の中は、不安と自意識と見栄でいっぱいです。「楽しさ」にかまけて学級が崩壊したらどうしよう、教師であるこの私が子どもたちを鍛えなければいけない、力のない教師だとは絶対に思われたくない、そんな気持ちを胸のうちに隠して子どもたちに接していたのです。

それからしばらくして、とある先生の紹介で1冊の本に出合います。『学校はなぜ変わらなくてはならないか―21世紀のビジョン』（明治図書出版、平成7年）、生活科の初代教科調査官である中野重人先生のご著書です。そこには、次のように書かれていました。

「楽しくなければ学校じゃない」というのは、ガマンとガンバリの学校観を転換することを意味する。子どもたちが喜んで登校したい学校はできないか。一人一人が生き生きと活動できる学校はどうあればよいか。楽しく充実した学校生活をつくり出すことこそ、いま求められていることではないか。

「もうこれ以上、自分を偽れないな」と感じました。「楽しいは二の次」という考えは、結局のところ、自分の弱さを認めたくないばかりの隠れ蓑。真剣に「楽しい」と向き合わなければ、教師としてのこの先はないと考えるようになったのです。

それからというもの、学級づくりにおいても、授業づくりにおいても、これまでとはうってかわったように「楽しいとは何だ！」と強く意識するようになりました。変節漢もいいところですが、私にとってとても大切なターニング・ポイントだったのです。

人間は、楽しくないと思った瞬間、頭の中のシャッターを下ろし、そこから先は考えることをやめてしまうと言います。**楽しさは、その瞬間の味わいだけではなく、学びに向かう力の源泉**なのかもしれません。

1　知的好奇心による「楽しい」

子どもは本来、知的なものに興味・関心を寄せる好奇心をもっています。その好奇心は、放っておくと萎んで枯れてしまいます。教師の水やりが大切なゆえんです。そのためには、いろいろな指導法があると思いますが、好奇心の基盤になるのが、子どもたちが「できるようになる」「わかるようになる」授業をするということです。

子どもたちの振り返りの記述などを読むと、よくわかります。「今日は、計算の仕方がわかって、たくさんの問題を解けたので楽しかったです」。この記述には、「できた」と「楽しかった」が一対《つい》となっています。このように子どもが振り返られるような授業にしたいのです。

子どもたちの知的感性に訴えかけられるような「新しいこと」を、いかに「楽しくできる」「わかるようにできる」かが、私自身の永遠の課題です。

2　自己選択・自己決定による「楽しい」

生活科がはじまったころは、使いたい画用紙の色一つとっても、子どもたちが好きなものを選んでいたのよ。

この言葉を聞いたとき、私は頭をガツンとやられたような気がしました。生活科の新設当時から実践を重ねてこられた、退職されたある校長がおっしゃっていた言葉です。いろいろな意味が込められた言葉だと思うのですが、「自己選択・自己決定の裁量をいかに子どもに与えられるか」その大事さを伝えてもらったような気がします。

また、自分の好きな色の画用紙を使って学習できるというのは、子どものモチベーションを高めます。些細なことかもしれませんが、学習に対して主体的になる一つのきっかけとなることは間違いないでしょう。教材研究と授業前の準備の大切さを感じます。

国語科の音読発表であれば、物語文の子どもの好きな場面を選ばせる、自動車の説明文を書かせるならば、その子の好きな車を選ばせる（教科書で例示されている車でなくていい）ということです。

算数科であれば、複数の計算の仕方から解きやすい方法を選ばせる、決められた時間内で計算問題を解くならば、解く問題数を子どもに決めさせることもできます。

授業のなかでこうした機会は数多くあります。生活科であれば、やりたいことや行きたい場所を考えさせるなど、さらに自己選択・自己決定の幅は広がります。

こうした指導は、多様な活動を生み出します。それが私たち教師の力量の幅を広げます。ひいては子どもの心の幅を広げてくれるのだと思います。

3 ユーモアによる「楽しい」

授業のなかで、低学年の子どもたちに必ず受ける鉄板のユーモアがあります。それは、教師が間違えてみせること。

時折、「わたしわ、」と板書して見せます。すると、子どもは一斉に「あ〜!」と言って、「先生、違うよ! 『わ』じゃなくて『は』だよ!」と私の間違いを指摘してくれます。

「そうだったかな…うーん、確かにそうだ、みんなが言ったとおりだね」と言って、「はたしわ、」と書き直します。すると…ポップコーンのように、子どもたちの笑いが弾けます。

1年生の国語の拗音や促音、「は」「を」「へ」の助詞の使い方は、定着に時間がかかる学習の1つです。学習がひととおり終わると、私はこのように何度も間違えて見せています。

国語科の時間だけではありません。学習の定着のためには、他教科の授業でもやってみせます。

学級活動の時間、私は「がっきゅうかい」と板書します。すると例によって、「先生！小さい『ゆ』だよ！」という声があがります。

「あっ、そうだった！」と言って、今度は米粒ほどの大きさで書きます。

「いやいや！　それは小さすぎでしょ！　もっと大きくだよ！」と言う子がいるので、首をかしげながら、黒板からはみ出るくらいの大きさで書きます。

さすがの子どもたちもあきれ顔。「大きすぎ！　小さく書くけど、ちょうどよく書かないと！」と言うので、私は次のように促します。

「じゃあ、誰か黒板に書いて、先生に教えて」


次の文章は、学期末に子どもたちが回答してくれたアンケートの内容です。


［A児］こたえがわからないまねをしているからおもしろい。

［B児］みんなにあたまがよくなってほしいから、じぶんがまちがえる。


やれやれ、1年生の彼らのほうが一枚上手。よくわかっています。

（松）

学びを見通す力をつける「振り返り」

ここでは、1年生の国語科と算数科を例に、学習の「振り返り」について考えていきます。

毎時間の習慣にする

振り返りでもっとも大切なことは、毎時間の習慣にすることだと思います。とはいえ、45分間の授業のなかで、振り返りに当てられる時間は、およそ5分程度。毎時間その時間を確保する、子どもたちが書いた振り返りに対して評価する習慣をつけることは、なかなかむずかしいものです。教師自身の根気と工夫が必要です。

それでも、その短い時間で、書くことによって学習を振り返り、評価し、子ども同士で交流までさせたいと考えています。

そこで、私は、B４の画用紙を半分に折り、見開きで右半分（右ページ）には国語科で使うシート、左半分（左ページ）には算数科で使うシートを子どもに貼らせて活用しています。左右にそれぞれ貼るのは、日付を記入する枠と罫線のみが入った振り返り用のシートです。

振り返りは、長い文章である必要はありません。1行でも2行でもよいので、できるだけスピーディに気づいた内容を書けばよいことにします。書き終えた子から私のもとにもってこさせ、花丸か二重丸の2段階で評価し、よい記述には下線を引きます。丸をもらったら、その子どもたち同士で読み合い交流するようにします。子どもたちには、友達の振り返りとの共通点や相違点を見つけたり、花丸の書き方を読んで参考にするよう促します。

めあてや見通しを意識させる

「授業の最後に、学習のめあてや見通しに基づいて振り返る」ことを、授業のはじめに伝えておくことがとても大切だと思います。授業の最後になってから「振り返りを書きましょう」と促すだけでは、むずかしいのではないかと思うからです。

以下、子どもたちの振り返りをいくつか紹介したいと思います。

「伝えたい出来事を思い出して、イメージマップになるべくたくさん書き出す」ことをめあてとした国語科の授業で、そのめあてに対する振り返りを促したところ、次のように書いた子がいました。

［A児］じぶんでは17こおもいついたけど、ともだちのを見て、20こたえたから、ともだちはもっともっといろんなことをおもい出してかいているということがよく

わかった。

また、「9＋□の計算の仕方を使って、8＋□の計算の仕方を考える」ことをめあてとした算数科の授業では、次の振り返りです。

[B児] 9＋□のときはあと1で10だったけど、つぎは8＋□だとあと2で10だから、おなじたしざんでもすうじがちがうとしかたもちがうことにきづきました。

学習のめあてを自分なりに理解する、見通しをもって学習に取り組む、こうしたことが子どもの学習活動の一部になっていることがわかります。

具体的な視点を示す

「めあてや見通しに対して、どのような点について振り返ればよいのか」わからなければ、子どもは学習を振り返ることはできません。そこで、私は次の5つの視点を常に提示しています。

①たいせつだとおもったこと
②わかったこと・できたこと
③わかりかた・できかた
④よくわからなかったこと
⑤もっとやりたいこと

この5つの視点のうち、1つだけを選んで書く子もいれば、参考程度にして好きなように書く子もいます。どちらでもよいのです。大切なことは、何をどのように振り返ればよいか、その視点を学級のみんなで共有しておくことだと思います。

[C児] きょうのべんきょうで大せつだっておもったことは、10をつくることです。ほかのくり下がりのあるけいさんでも、10をつくってがんばろうとおもいます。

このように算数科のひき算の学習で振り返った子は、1時間の授業でのポイントを理解した上で、それを活用していこうという意欲を高めています。

[D児] ⑥のさる（たしざん）の文しょうもんだいがむずかしくて、文しょうがわかっ

てきたときにじかんぎれになってしまった。

このように振り返った子は、自分がどの問題でつまずいているかを明確にし、それに対する悔しさを表現していいます。

[E児] ともだちのをきいて、もっとこうすればよかったなとおもったこともあったけど、じぶんでいうのもおかしいけど、じぶんのもいいとおもいました。

国語科の話すことの学習で振り返った子は、友達のよさに気づくだけではなく、自分ができたことを自分で認めようとする姿勢がうかがえます。

また、「『くちばし』とくらべてみて、といとこたえのつかいかたがちがって、ひっしゃもくふうしているとおもいました」と、以前に学習した説明文の教材との違いに着目する子もいました。

＊

ちょっとした工夫と継続的な振り返りの時間によって、1年生であっても、1時間の学習をしっかりと振り返り、短時間で文章が書けるようになります。そのためには、根気よく促し続けることだと思います。

「今日のこのめあてのことはできた？」
「大切だとおもったことは何だろう？」
「どうしてできるようになったと思う？」

こうした継続的な働きかけがあれば、「こくごがたのしかったです」の1文で終わっていた子も、いずれ自分なりの振り返りができるようになっていきます。

そして、こうした子どもの振り返りの記述は、一人一人の学習状況を見取るための大切な資料となります。

（松）

「予習」は、教科の「見方・考え方」を鍛える「学び方」の学習

教師になって不思議に思ったことの1つが、「小学校教育では、予習する習慣をつける文化が希薄かもしれない」ということです。

結論からいうと、学習が苦手な子ほど、授業だけでは理解がおぼつかないのですから、予習したほうが学習効果が高いと思うのです。そこで、ここでは、学習につまずく子どもの姿と、「予習」を通して子どもの学びがどのように変容したのかを紹介していきます。

勉強が苦手な子は、「復習」の恩恵が得られない

人よりも理解することに時間を要する子は、教師の話を聞くのに必死、ノートを取るのに必死、友達の発言を理解するのに必死です。だんだん疲れて、集中も切れ、いずれ学習すること自体が嫌になります。

手遊びをはじめる子、友達に関係のない話をもちかける子は、必ずしも不真面目なわけではありません。一度は授業についていこうとするのだけど、結局は、わからなくて授業から逃避してしまう。要するに、彼らにとっては、一定時間内に処理しなければならない情報量が多すぎるのです。

また、学習が苦手な子は、「何をどのように学べばよいのか」学び方が身についてい

ません。そのため、学習課題を1人で解決することが困難なので宿題も嫌いです。課題解決そのものに対して高い壁を感じています。

それならば「復習をしっかりしよう」という考え方もあると思いますが、授業で教わったことを理解しているからこそ、復習によって学習が定着するのです。そのような意味で、勉強が苦手な子は復習の恩恵が得られません。

授業そのものは、ある意味一方通行です。一度学習したことを別の単元で振り返らせることはありますが、同じ単元の同じ学習を繰り返すことはしません。義務教育の教育課程は年齢主義ですから、一度わからないまま通過してしまうと、わからないまま上学年に進級してしまうことになります。その子なりの「学び方」を学ばせることがいかに大切か、私自身も身に染みて感じています。

他方、学級には学習に対してポジティブな子どもたちがいます。授業中に自信をもって発言するような子どもたちです。学年が上がるにつれて、（例外はありますが）塾に通いはじめるか、家庭教師がつきます。常に学校での学習進度の先を行きますから、彼らは授業を受ける以前に、授業で求められる解をすでにもっています。かりに、塾では習得できていなかったとしても、同じ学習を学校の授業で再び学べるのです。そのため、教師が説明する内容や友達の発言を十分理解し、授業についていくことができます。

ここで私が着目したことは、授業を受ける時点で、彼らは既に「わかる」（もしくは

「半わかり」）状態にあるということです。私が提案したい「予習」の意図がここにあります。

「予習」が子どもたちに与えるもの

私の予習の指導は、４月の段階からスタートします。まずその方法を指導します。

①次の日に学習する教師が指示したページを読む（なかには、「え？先生、まだ習っていないことを先に勉強していいの？」と驚いて質問する子もいます）。
②読んでわからなかったところには線を引く。

読むのが遅い子であっても、およそ5分、10分もあればできることです。しかし、その効果は私自身驚くほど大きいものでした。しかも、読んでわからなかったところがあれば、授業でしっかり聞こうという意欲が子どものなかに生まれたのです。

この予習で、子どもたちは以下の事柄を掴むことができます。

①明日、どんな内容を学習するのかがあらかじめわかる。
②まとめとなる部分も読むことで、何を知り、何を考えなければならないかがわかる。
③どの部分が自分はわからないのかを事前に押さえることができる。

次に、授業の進め方です。

授業の最初に、「みんなが線を引いた部分を発表してください」と指示して、子どもたちがわからなかった点を確認し、黒板の隅に板書します。これは、私たち教師が事前に考えるねらいとは別の、子どもたち自身の解決すべきめあてとなります。子どもたちの姿勢が少しだけ前のめりになります。

次に、「どの子でも事前に読んでおけば必ずわかること」を問います。すると、それまで授業で手をあげなかった子どもが手を挙げます。すかさずその子を指名します。指名された事実、発言できた喜び、「今日の授業はわかるかも…」という期待感がその子の心の内に呼び起こされます。

その後、すでにみんながわかっていることを確認しながら、わからなかったところに注力します。このようにして、自ら考えられる知識の土台をつくっていきます。

「教科書を活用した授業」が理想ですが、まず私は「教科書に書かれていることを学ぶ授業」に集中します。土台となる知識は、教科書に書かれていることを理解することだからです。このようにして培われた知識の土台は、総合的な学習の時間のような協同して課題を解決する場面に必ず生きてきます。

振り返りの時間は、「予習でわからなかったことが、どのようにしてわかったかを書きましょう」と指示します。**「なぜ、自分はわかるようになったのか」を知ることが、「学び方」を学ぶことであり、その教科の「見方・考え方」を鍛えます。**

さらに、予習しても授業でもわからなかったことがあれば書かせます。書いた子には個別に対応します。

これですべてです。

「たったこれだけのこと?」と思われる方もいるかと思いますが、予習は勉強が苦手な子どもの学びを大きく変える可能性を大いに秘めていると思います。

「いままで手を上げることができなかった」→できるようになった

「発言するのが怖かった」→今は楽しい

こうした小さな成功体験を積み上げることで、学習に対して自信をもち、学びに向かう力が育まれていきます。「やればできる」「もっとやってみよう」という、よいサイクルが生まれます。

予習には、次の8つの学習効果があると思います。

①学習に対し自信をもてるようになる。
②わからないことがわかるようになる。
③自分なりにわかるべきポイントを絞って、授業を受けられるようになる。
④発言が増える。
⑤話をよく聞くようになる。
⑥テストの点数が上がる。
⑦勉強が楽しいと言い出す。
⑧積極的に自習するようになる。

私は高学年をもつことが多いからか、中学校へ進学しても、高校・大学に進んでも、そして大人になっても、学ぶ喜びを感じ続けてほしいと考えています。そのために、「学び方」を身につけさせることが私の教師としての使命だと感じています。

（相）

今、この瞬間の最善の指導を目指して

「今、私の目の前いるこの子にとって、この瞬間の最善の指導とは何だろう？」

教師としての私の永遠の命題です。学習指導にせよ、生徒指導にせよ、何をもって指導とするのか、自分自身の信念を問い直す毎日です。

そんなふうに思うようになったのは、「この瞬間の最善の指導」どころか、「最悪の指導」を繰り返してきてしまった悔恨の念からです。教職12年目の私でも、そんな黒歴史がいくつもあります。

「忘れ物をするなと言ったでしょ？　どうして何回も言わせるの？」

「宿題をやらないのは怠けているからだよ！」

「真面目に取り組みなさい！」

とても指導とは呼べない対応です。自分の抱いた怒りをぶつけているだけですから。「何度も話したのに！」「子どもが思いどおりに動いてくれない」という思いが先行して、自分の感情を押さえることができなかったのです。

子どもにしてみれば、忘れ物をしたいわけでもないし、学習したくないわけでもありません。むしろ、まったくの逆。きちんと持ち物を揃えたいし、授業でもたくさん発言したいし、友達と一緒に学んでいきたいのです。

そんな子どもたちの姿を見ていて、「自分はこのままじゃだめだ」と考えるようになりました。「教師としてちゃんとした指導ができるようになりたい」

そう思い立ってからは、トレーニングの毎日です。何か腹立たしいことがあっても、そのままの感情を露わにしない、一呼吸おく、そのうえで「私はこの子に何ができるだろう」と考える、その繰り返しです。

そうしているうちに、少しずつ自分の感情をコントロールできるようになっていきました。その結果、今まで見えなかったことが見えるようになった気がします。

決して最善とは言えないかもしれませんが、私なりに実践している方法を2つ紹介したいと思います。

1　漢字テストで満点を取らせたい

漢字の書き取り（テスト）は、満点じゃないと「自分は漢字ができないんだ」と思い込む子どもは多いように思います。大人になってみれば、「読めさえすれば何とかなるよな」と思えたりしますが、子どもの現実は違います。

できれば、苦手意識をもたせないようにしたい、そのためにはテストでいい点が取れるようにしたい、少しでも満点に近づく効果的なトレーニングを積ませたいと思うのです。

その子に適した漢字の学び方は多様です。そこで、次のような学び方があることを子どもに事前に知らせます。

①何回も同じ漢字を書く。
②間違えそうな部分に赤丸をつけ、意識して数回書く。
③漢字を使って短文をつくる。
④いくつかの漢字を使って物語を書く。
⑤辞書を引き、言葉の意味を確かめる。
⑥友達と練習の仕方を交流する。

子どもに自分の学びやすい方法を選ばせたり、組み合わせたりすることでよりよく学べることを指導します。また、これまでどうやって漢字を覚えてきたかを振り返らせ、もっとよい学び方はないかを考えさせることも効果的です。

もし既に苦手意識がある子ならば、その意識を払拭するために、とにかくもテストでいい点を取らせることです。まずは自信を取り戻させることが先決です。

書き取りテストを行う前に、「よく知っている漢字と、よくわからない漢字を確かめよう」と言って、(テスト形式ではなく)ワークシートなどを活用します(見せ方は異なりますが、テストに出題する漢字と同じにします)。すると、その子が既に書ける漢字と、練習が必要な漢字を自覚させることができます。あとは、練習が必要な漢字に集中して、その子の負担を減らします。つまり、漢字の学び方を指導するのです。

2 その子の失敗の正し方は、叱らなくてもできるはず

給食の配膳中、食器を落として割った挙げ句、食べ物が床に散乱。隣の子とのおしゃべりに夢中になって、手元をよく見ていなかったことが原因です。

以前の私なら、脊髄反射的に叱責していたでしょう。「しっかりと運びなさい！ 配膳中に、なぜよそ見したの？ ほかの人に迷惑をかけちゃダメだ！」

今の私なら次のように言って、子どもが片付けようとする前に私が片付けてみせます。

「怪我しなかった？ そうか、とにかく怪我がなくてよかった」

ただ頭ごなしで叱りつければ、萎縮して黙り込んでしまう子も、教師が率先して片づける姿を見せれば、「自分も片づけなくっちゃ」と思うし、怪我の心配をされたら、「先生、ごめんなさい」と素直に謝る気持ちも湧きます。

叱りつけるにせよ、受容的に接するにせよ、子どもは教師のこうした言動をよく見ています。そして、教師の対応次第で、よいようにも悪いようにも日々学んでいくのです。

教師と子どもと言っても、そこは人間同士です。「お互いさま」「おかげさま」の姿勢で接し合えれば、それなりにうまくいくものです。そのうえで、「先生に謝る必要なんてないよ。周りの友達も手伝ってくれてよかったね。いい友達をもったね」と言えば、言葉以上の何がその子に伝わるように私は思うのです。

＊

教室では、毎日様々な出来事が起こります。どんな出来事も教師の指導次第。子どもの成長のきっかけをつくることだってできると思います。彼らを目標に向かわせ、課題を解決できる力をつけることが本当の指導なのだと思います。

その学級の子どもたちと共に居られるのは、たった200日程度です。子どもたちの今後の長い人生を考えれば一瞬です。子どもの人生にどれだけの影響があるかと言えば微々たるものなのかもしれません。それでも、かかわった子どもたち全員が幸せな人生を歩んでほしいと強く願っています。

だからこそ、今、この瞬間の最善の指導を、私たちは常に探し求め続けていきたいと考えています。

（相）

第2章

深い学びを目指す学級をつくる

伝えたいことを伝え合える場をつくる

いま、私は「子どもたちが自分の伝えたいことを自由に伝え合える場」を教室に用意することの重要性を強く感じています。

どの学級においても、何か特別な問題でもない限り、「授業中に教師が発問すれば、子どもたちは自分なりの考えを発言してくれる」場となっていることでしょう。しかし、「本当に伝えたいことを一人一人が自由に伝え合える」場となると、なかなかむずかしい気がします。

私が、そのような「場の重要性」に気付いたのは、自分の学級の子どもたちの様子からでした。あるとき、友達の考えをつなげて発言する力、ひらめきや創造性が育っていないことに気付かされたのです。

子どもたちが本来もっている成長の芽

教師になって4年目、初めての異動をして1年目のときのことです。私は、3回目の1年生を担任していました。ちょうどそのころ、「スタートカリキュラム　スタートブック」（国立教育政策研究所、平成27年1月）にのっとって実践していたのですが、これまでとは違った子どもたちの育ち、私なりの手応えを感じていたのです。

ところが、その年の10月に行われた生活科の公開授業のときに、他校のあるベテランの先生から手痛い指摘を受けることになります。

「あなたの授業は、私の流儀とは違う。子どもの発言は子ども同士がつないでいくものであって、教師がやることは板書で整理すること。でも、あなたは違う。子どもたちの発言を教師であるあなた自身が口ですべて整理してしまっている」

その指摘を受けてからというもの、これまでの自分の指導をよくよく見直してみました。すると、次のことに気が付いたのです。

やはり指摘されたとおり、私は自分なりによしとする視点（バイアス）で、子どもたちの発言を口であれこれ整理していました。それによって、子どもたちが互いの発言をつなげる力の育成を阻害していたのです。そればかりか、教師である私が子どもたちの発言を安易に価値付けてしまっていたために、彼らの物事を考える範囲が狭められていました。

私がいくら「自由に発言してもいいよ」と伝えたところで、「自由に」の意味もわからず、何を答えればよいのかがわからなくなってしまっている子どもたちがそこにいたのです。

これはまずいと思った私は、子どもたち同士の話し合いのときには極力板書に徹し、子どもたちの発言に口を挟まないようにしました。また、「こうあるべき」といった先入観にとらわれず、何かしら考えが頭に浮かんだら自由に発言するように促しました。

しかし、残念ながら、残りの半年間で挽回することはできませんでした。ベテランの先生に指摘されるまでの半年間のうちに、私は子どもたちの芽を摘んでしまっていたのです。一度摘まれると二度と芽が出ないのだと思い知らされた苦い経験です。

自由闊達なつぶやきの連鎖が、創造的な発想力の苗床となる

翌年度、幸いなことに私は再び1年生を担任するチャンスを得ました。「楽しい学校を自分たちで創り出す学級」を掲げ、その実現のために「ひらめきと創造性」を重視することにしました。「創」を重点に置き、子どもたちが本来もっている芽を摘み取ることなく、のびのびと育っていく姿を目指したのです。

その具体的な方法の1つが、「自分の伝えたいことを自由に伝え合う場を設定する」ことでした。いろいろと調べていくうちに、いくつかの先行実践に辿り着きました。1つが奈良女子大学附属小学校の「朝の会の元気調べ」、もう1つが富山市立堀川小学校の「くらしのたしかめ」です。こうした先行実践を参考としつつ、話したいことを話す場として朝の会での健康観察（元気調べ）を設定しました。

スタートは入学式。式を終えて、教室に戻ってくると、子どもたちの点呼があります。教室の後ろには保護者たちが見守っています。このとき、私の第一声はこうです。

「名前を呼ばれたら、『はい！』と返事をしようね。そのときに、話したいことがあったら、何でも話していいからね」

その瞬間、学級全体がどよめきます。やがて、そのどよめきは「え〜、どうしよう」「何を言おうかな」などのつぶやきに変わります。

名前を呼べば、ほとんどの子どもたちは「はい！」と返事をします。しかし、その後が続きません。入学初日で緊張していることもあってのことでしょう。何かを言いかけるのだけれど、戸惑った表情を見せ、結局はあきらめ顔で席に座ります。そのようななかでも、「はい！勉強が楽しみです！」「はい！入学式で疲れちゃいました」と、何人かの子どもたちが今の気持ちを嬉しそうに発言してくれました。

翌日の朝の会から、本格的に健康観察（元気調べ）を行います。

「A澤祥子さん！」

「はい！元気です！」

「B村正之くん！」

「はい！ちょっと風邪気味です」

「はい！」に引き続いて自分の体調を発言させます。その後は自分の思い付いたことを何でも自由に話せる時間になっていて、子どもたちは次のようなことを話しはじめます。

①その日の時間割に関係すること
「今日はわくわくタイムで校庭に行きたいです！」

「算数が楽しいです！」
②前日の放課後の出来事
「昨日、学校から帰って、○○さんと一緒に公園で遊びました」

「昨日は習いごとのスイミングに行きました」
③嬉しかったこと
「前の乳歯が1本抜けました」

「そろばんの試験に合格しました」
④生活科の学習に関係すること
「朝、学校に来る途中で、黄色のきれいな落ち葉を見付けて持ってきました」

「アサガオの水やりをしに行ったら、新しい芽がまた出ていました」
⑤楽しみにしていること
「今度、家族で○○にお出かけに行きます」

「来週は、僕の誕生日です！」

　他愛のないことのように見えるかもしれませんが、ちょっとした思いつきであっても、できるだけ多くのことを自由に発言するように促したのです。

するとﾞ、日常生活に密着した子どもの発言に対して、聞き手である周囲の子どもたちも興味を示しはじめて、聞いて感じたことをさらに自由に言葉にするようになっていきました。

たとえば、ある子どもが「昨日、公園でダンゴムシをいっぱい見付けました」と発言します。すると、それを聞いた子どもたちのつぶやきの連鎖が広がっていきます。

「僕も見付けたことがあるよ」

「家の前にたくさんいた！」

「ダンゴムシって湿ったところが好きなんだよ」

「石の下が湿っているからよくいるよね」

また、別の子どもが、「弟が昨日、芋掘り遠足に行ったんだけど、去年は私もいたから2人で13本とって、でも昨日は1人だったから、去年よりも5本少なくて、残念でした」と発言します。すると、今度は教科の学習につながる話題に広がっていきます。

「じゃあ、今年は何本掘ったの？」

「それってひき算じゃない？」

「ちょうどいま、習っているところ」

「式は？」

「13ひく5！」

自分が伝えたいことを自由に伝え合える場があれば、伝えたいことを伝える力が育まれます。のみならず、聞き手が興味をもって聞き、感じたことを言葉にしたり、友達の発言につながって考えたりして、つぶやきの連鎖が生まれます。この連鎖が、創造的な発想を生み出す力の苗床となります。その結果、学級力が高まっていくのです。

*

それともうひとつ。

私はそんな彼らのつぶやきの連鎖を見ているのが楽しくて仕方ありません。そんな教師自身のたたずまいも、何となく子どもにいい影響を及ぼしているのではないか、そんなふうに最近感じたりしています。

（松）

02

指示の出し方ひとつで学級が変わる

確かな指導スキルの必要性

一口に「指導スキル」といっても、本当に様々な考え方や手法があると思いますが、私は次の2つの指導さえ担保されていれば、結構いろいろなことが何とかなると思っています。

①教師である私が何を言っているのかがわかる（教師の意図が伝わっている）。
②（教師の意図のもとに）次に何をしたらいいのかがわかる（行動の指針と段取りが理解されている）。

当たり前のようでいて、「本当に自分はしっかりできているかな」と常に自問自答するような指導の有りようです。

もし①と②がうまくいかなければ、授業はおろか学級も行き詰まります。常に指示を出し直さなければならないし、子どもたちの活動もそのつど止めることになります。「次になにをしたらよいか」がわからなければ、やるべきことと違うことをはじめる子どもも出てくるでしょう。教育活動のねらいとかけ離れたところに時間が奪われます。そうなれば、担任である私にとってはもちろん、子どもたちにとっても学級が息苦しく、授業がつまらない時間となります。

逆に、①と②がうまくできていれば、授業はもちろん学級が安定します。学級が安定すれば、重点的に指導したいことに時間をかけたり、子どもたちとじっくりと話し合って考える時間を確保したりできるようになります。このような意味で、指導スキルは、決して小手先のテクニックなどではなく、教育活動の計画的な実施のために欠くべからざる要件だと私は思うのです。

こうしたことから、指導スキルのなかで私がもっとも重要だと考えるのが「指示の出し方」です。ここでは、一人一人の子どもたちが「次にやるべきことがわかり、活動に集中して取り組めるようにする」ためのスキルについて考えていきたいと思います。

1　わかりやすい指示とは何か

ここでは、入学したての1年生を例に挙げます。

第1のステップは、**1回の指示に2つ以上の行動を盛り込まない**、ということです。

「それではみなさん、国語の教科書を机に出したら、鉛筆を持って先生のほうに顔を向けてください」

私の考える典型的なダメパターンです。1回の指示に3つの行動が入っているからです。

指示は、まず1つ出したら、子どもたちがみなできたことを確認したうえで次の指示を出します。

「それではみなさん、国語の教科書を机に出してください」

「はい、よくできました。では、鉛筆を持ってください」

このような案配です。

第1のステップができるようになったら、次は、**いま行っていることの次に何をすればよいのかをセットで指示する**ことです。

「この問題ができたら、黙って手を挙げましょう」

「ノートを開いたら、日付を書きます」

といった感じです。

これらを徹底的に繰り返します。すると「まず最初に何をする、次に何をする、最後に何をする」といった手続きを、1回の指示で正しく理解できるようになっていきます。

大切なことは、授業のねらいや活動を考える授業準備の際に、自分が出す指示の内容をよく整理しておくことです。つまり、**次の授業でどんな指示を出すのかあらかじめノートにまとめ、どのタイミングで指示を出すか、あるいは、1回の指示にどこまでの行動を含めるのかを明確にする**のです。

実際に指示してみてうまくいかなければ、第1のステップに戻って指示を小分けにしたり、学習活動の段取りそのものを見直したりします。

2　大切な指示は可視化する

特に大切な指示は、口頭で伝えるだけでなく、黒板などに書いて何度でも見直せるようにします。たとえば、取り組む課題の順序、終わりの時刻の目安、与えられた課題が終わったあとの過ごし方などが可視化しておきたい指示ですが、黒板などに書く際も、箇条書きにしたり矢印などを用いてわかりやすくします。

これを1年間視覚的に示し続けていくと、教師の意図を理解できるだけでなく、「先生、次は何をすればいいですか？」から、「次はこうすればいいんだな」とひとり言を言って自ら動き出す姿に変わっていきます。

また、算数科の授業中に計算練習をさせながら、答えをもってこさせて丸つけをする場面では、問題数を分けて答えをもってくるように指示します。たとえば、8問あったら半分の4問を解いた段階で見せに来るようにするのです。1問ずつ来させると列が切れなくなってしまうし、8問すべてを解かせてからだと1人あたりの丸つけの時間が長くなるからです。

このとき、私は次のように伝えるようにします。

「黒板の矢印のあるところで、先生に丸をもらいに来ること」

黒板には、問題ごとに「①～④↓⑤～⑧」とあるだけです。慣れてくるとこれでも十分子どもたちは学習の段取りを理解できるようになります。

3　指示のあとには必ず評価

指示をしたあとには、**「その指示どおりに子どもたちが動いているかを見届け、それに対して必ず評価をする」ことです。この評価の有無いかんで、私たち教師の指示が子どもたちに通るようになるかが決まる**と私は考えています。

評価といっても、子どもの言動をポートフォリオにまとめるといった評価ではなく、「先生は君の行動をちゃんと見ているよ」ということを、その子にわかるように知らせるということです。

その手法には、「褒める」「認める」「注意する」といった言語的なものに加えて、子どもに向かって「うなずく」「笑顔を送る」「眉をひそめる」「腕組をする」といった非言語的なものがあります。

学級の実態や子どもの特性などに応じて臨機応変な評価が必要ですので、私自身も試行錯誤なのですが、この評価をしっかり行わないと学級が崩れる原因のひとつになると私は思います。

「指示どおりに動いているにもかかわらず、何も評価しない」「指示どおりに動いていない子どもを見過ごす」「指示どおりに動いていないことがわかっているにもかかわらず指導を怠る」と、その子のなかで、「言われたとおりにやっても、先生は見てくれない」―「別に言われたとおりにやらなくっても大丈夫じゃん」と高をくってしまいます。そして、そのような受け止めをした子をさらに放任すれば、今度はその子の姿勢が他の子どもたちに伝播してしまうでしょう。

＊

このように、指導スキルのなかでも、「指示」に関連するスキルは、学級経営の土台を形成します。**「指示」とは教師の心と子どもの心の橋渡し**です。そこがうまくいけば、**子どもたちとの間に阿吽《あうん》の呼吸が生まれ、質の高い教育活動にチャレンジすることができるようになる**のです。

本当にちょっとしたことの積み重ねですが、それだけに自分だけでは気づきにくいものでもあります。ぜひ同僚の先生とお互いに授業を見合って、指摘し合えるといいな、と思います。

（松）

03

その子の負担を減らす「約束ごと」伝わる「話し方」

子どものつまずきは、どこからやってくるの？

ある子が、私に尋ねます。

「先生、次は何をすればいいんですか？」

その瞬間の私の内心はイライラでいっぱいです。もう既に同じことを何度も聞かれているからです。

「え？　今、説明しましたよね。どうしてちゃんと聞いてなかったの？」

つい感情を抑えきれずに強い口調で叱ってしまいます。

順序立てて私なりにわかりやすく説明したつもりだし、念のため復唱だってしたはず…。それなのに、何度も同じことを聞かれれば、「ちゃんと先生の話を聞かなきゃだめじゃないか！」とも言いたくなります。教師も人間ですから、腹も立ちます。

しかし、その後も改善することなく、その子とは、同じようなやりとりが何度も何度も続きます。そうするうちに、「あれ？」と私のなかに疑問が生まれます。「ちょっと待てよ。これって、何かほかに原因があるんじゃないのか…」

最初のうちは、面倒なことが嫌い、好きなことしかやらない、注意力散漫などの課題を抱えている子なのだろうと思っていました。しかし、気持ちを切り替えて、よくよくその子の言動を観察してみると、別に不真面目な態度ではありません。まして、ふざけたり、私をからかったりしているわけでもない様子です。

集中力が続かない、人の話を聞けない（理解できない）、指示どおりに動けない（何をしてよいのかわからない）、いったんは理解できても指示内容をすぐに忘れてしまう…こうした事柄は、どうもその子のもっている特性なのではないかと思うようになったのです。

ちょうどそのころ、私は次の本を読む機会がありました。『ワーキングメモリと学習指導―教師のための実践ガイド』（北大路書房、平成21年12月）という本です。そこでは、日常生活のなかで、重要な情報を頭に保持しておくときに用いられ、脳の作業場（メモ帳）のような働きをする「ワーキングメモリ」（短時間に頭の中で情報を保持し、操作する能力）について書かれていました。

もしかして、その子は、情報を処理する作業場が、人よりも狭いのではないか？（ワーキングメモリが小さいのではないか？）と考えるようになったのです。

その子の負担を減らす「約束ごと」伝わる「話し方」

ほかの子どもには単純な指示や学習活動であっても、ワーキングメモリの小さな子どもは、頭の中の情報処理が追いつかず、困難を感じています。そのため、ときには、ぶっきらぼうに投げ出してしまう（メモリがワーバーフローしてしまう）のです。

私が対応に迷った子も、頭の中ではそのような状態だったのではないかと考え、ワーキングメモリの小さな子どもたちへの指導方法について研究しました。その1つに、教師の指示の仕方があります。（前のテーマで松村さんも書いていますが）悪い例をあげると、たとえば次のような指示です。

「教科書を開いて、○ページを読んだら、気持ちのわかるところに線を引いて、お隣さんとお互いの考えを伝え合いましょう」

この指示には、子どもが行わなければならない活動が複数含まれています。

①教科書を開く。
②○ページを読む。
③気持ちのわかるところに線を引く。
④お隣さんとお互いの考えを伝え合う。

ワーキングメモリの小さな子は、たとえば一番最後の「お互いの考えを伝え合う」のみ記憶され、①〜③までを忘れ、「最初は何をするんだっけ?」となってしまうのです。

「まず教科書を開きましょう」「はい、開けましたね。次は○ページを読みましょう」といった案配に、これら4つの指示を個別に出すことによって「伝わる指示」となります（この点は低学年も高学年もあまり変わらないと思います）。

ほかにも、子どもたちが次の活動（行動）への見通しを「見える化」することで、ワーキングメモリの負担を減らすことができます。

○教室に学習計画を掲示する。
○教室に本時の流れを掲示する（授業の流れはある程度固定する）。
○黒板は本時に必要な物だけ掲示する。
○モデルを示す（話し方・聞き方・交流の仕方・作品の例など）。
○困ったときの約束をする。
○机の上は必要な物だけ置く約束をする。
○付箋を使ってやることリストを作成する。

なかでも、効果があったのは「困ったときにどうするかを約束の形で学級で決めておく」（支援を求める仕組みをつくる）ことです。そして、その約束に沿って行動できたときは価値づけます。**教師の適切な価値づけは、子どもに安心感を与え、次の支援を求める**

下地となります。

私は年に2回ほど、教師としての私の通信簿を子どもにつけてもらっています。「先生のよいところ」の欄に、次の言葉を記入してくれた子どもがいました。

「先生のいいところは、私たちがやることを全部書いてくれるところ」

「私たちがやること」とは、単元計画や本時の流れのことです。その子の困りごとは、45分の授業のなかで「今」何をやっているのか、途中からわからなくなってしまうことにありました。周囲を見回してもわからない、すっかり迷子になってしまい、大きなストレスを抱えてしまう。それが「迷わなくなった」と言いたかったのだと思います。

＊

「この教室で学ぶことが楽しい」

子どもたちにはみな、そんなふうに感じてほしいと思っています。どの子にとっても「今、授業で何をしているのか」（現状把握）、「次は何をすればよいのか」（学習の見通し）をもてれば、学級が安心して学べる場となります。まさに、子どもたちの「学びに向かう力」を鍛えるための土台づくりです。

「先生、次は何をすればいいんですか？」

今なら、私はこう答えてあげたいと思います。

「わからなかったことを聞いてくれてありがとう」

（相）

「教師が話をする」ということ

教師になる前、私はある小学校で学習支援のボランティアをしていました。その2年目、大学3年生のときのことです。私はその年に異動してきたある先生の手伝いをさせてもらっていました。学級経営にたいへん優れ、特に生活科に力を入れているベテランの先生でしたが、その学級で1年の半分くらいの時間を過ごしていました。

その先生の計らいで、私はいつの間にか帰りの会の最後に話をするようになっていました。はっきり任せたと言われた記憶はないのですが、教師でもなんでもない学生の私が、いわゆる「先生のお話」をほぼ毎日させてもらっていたのです。そこでの経験が、「教師が話をする」ということについて、深く考えるきっかけになりました。

帰りの会での「先生のお話」とは、言うなれば「その日のまとめ」です。まとめるためには、帰りの会までに、その日の子どもたちの様子や自分とのかかわりを振り返り、取り上げる内容、誰の名前を出すか、そして、それをどのように価値づけるかを考えなければなりません。つまり、①話す内容、②話し方を吟味するということです。

1　話す内容

特に気をつけていることは、子どもたちが普段気づいていないことを取り上げるということです。子どもたちがわかりきっているお題目を語ったところで、彼らの耳を右から左へ流れていくだけです。

そこで私は、子どもたち自身では気づきにくい彼らの成長のきっかけとなった出来事を、友達や教師である私との関係性を交えて話をするようにしています。

2 話し方

話し方については、次の点に気をつけています。

①子どもたちの前に立ち、一言目に最もインパクトを与える。
②一番伝えたいことを口にするときには、一瞬間《ま》を空ける。
③子どもたち全員と目を合わせられるように全体を見て話す。
④話す速度にメリハリをつける。

あるとき、本で学んだ方法を試してみたこともあります。それは、「話をする自分の声が確認できるくらいゆっくりと話すこと」です。しかし、残念ながら、子どもたちは大あくび。「ゆっくりと話すだけでは、だめなんだな」と思ってあきらめました。

ただ、この方法がよくないということでは必ずしもありません。そもそも唯一無二の方法などないのです。ですから、どんな方法でも試行錯誤したほうがよいと思うし、一番大事なことは、子どもたちに効果的か、よい影響を及ぼすか、いま自分の目の前にいる子どもの様子をしっかり掴んだうえで、その善し悪しを判断するということだと思います。

3 「話す内容」や「話し方」だけでは足りない、もうひとつの大切なこと

ボランティア時代、私は2年間にわたって、先に紹介した先生の学級の手伝いをしたおかげで、私は「帰りの会」でたくさんの話をし、子どもたちに受容的に聞いてもらえたことで、私は何となく自信をもてるようになっていました。「とにかく、こんなふうに話をすればいいだな」と。

それがもう大間違い、とまでは言いませんが、「話す内容、話し方をどれだけ吟味しても、それだけでは足りない」ことに教師になってから私は気づくことになります。

「さぁ、今日から私は教師！」新しく入学してきた子どもたちの前に私は立ち、ボランティア時代に培った経験を生かして、話を切り出します。

すると、どうしたことでしょう。子どもたちは私の話にちっとも集中していません。それどころか、窓の外の景色に気を取られる子、隣の子にちょっかいを出す子、首をかしげてぼんやりあくびをしている子、ざわざわした空気が学級を包みはじめます…。それはもう一瞬にして自分の自信を打ち砕く驚愕の光景が、目の前に広がっていたのです。

「あれ？ あれ？ こんなはずじゃ…」なんとか気を取り直して、彼らの関心を引こうとするのですが、どうにも私の話に集中してくれません。

そんなことが何日も続き、「まいったな、どうしたものだろう」と私は原因を考え続けました。

しかし、よくよく考えてみれば、なんのことはないことに私は気づきます。要するに、私と子どもたちとの間が空っぽだったからにほかなりません。当たり前の話です。私はどうも教室という空間にいる子どもたちは、話す内容と話し方を工夫すれば、初対面であっても先生の話をよく聞くものだと思い込んでいたのです。

ボランティア時代にかかわった子どもたちとは一緒に過ごした時間が長く、一人一人と深くかかわらせてもらっていました。ある程度の人間関係が築かれた仲でした。まして、担任の先生は学級づくりの達人みたいな人です。その人がつくった学級で、その人に背中を押されている私の姿を子どもたちは垣間見ているのです。当然、私を信用し、話を聞くに値する人だと認めてくれていたからこそ、私の話にも集中して聞いてくれていたのです。

それからというもの、私は子どもたちとの関係性を築くことに注力しました。授業中はもちろんのこと、休み時間、給食の時間、掃除の時間、それこそ1日を通して、子どもたちとかかわれる時間をフルに使って、彼らのよさを見つけて褒めたり、ときには、厳しく叱ったりしました。その積み重ねが功を奏して、帰りの会で自分が話している話にようやく耳を傾けてくれるようになったのです。

（松）

言葉かけと個別指導

最後に共感が生まれてこそ、その教師の言葉は子どもの心に響く

教師の言葉かけには、主に次の場面があると思います。

①授業のなかでの個別指導の場面
②生活科のように一人一人の思いや願いに基づいて活動が展開されている場面
③日常生活のなかでのやりとりの場面

ここでは、上記の場面を頭に浮かべながら、次の3つの言葉かけについて考えていきたいと思います。

1　称賛する

教師の言葉かけの基本は、褒めること。「いいね」「すごいね」「なるほどね」と声をかけながら、子どもたちをその気にさせていきます。これは、ただ闇雲に褒めているわけではなく、**「単元の評価規準や教師の価値観などに照らし合わせたときに、望ましいと思われる言動を認める」指導**です。子どもは、認められると自分の言動をよいものと受け止め、次もやってみようという気持ちになります。すなわち、ポジティブなスパイ

ラルを生み出すのが、「称賛」の目的です。

このとき、何が「いいね」なのか、何が「すごいね」なのか、何が「なるほどね」なのかを明らかにすることで、教師の言葉が子どもに届きます。「～がいいね」「すごい！～なんだね」「なるほどね。～っていうことなんだね」など、「何が」をしっかり言い添えることがポイントです。

2 問い返す

称賛とセットで大事な言葉かけが「問い返し」です。

たとえば、生活科の秋見つけの活動で、「先生、見てみて！」と落ち葉を見せてきた子に対して、「おーすごいね！」とその言動を認めることに加えて、「どうしてそれを拾ってきたの？」と問い返すのです。これは、子どもの考えを引き出す働きかけで、子供の気づきや思考を深める手立てとなります。

問い返せば、「だってね、オレンジと黄色だから秋っぽい色だったし、色が混ざっているところがカラフルでおしゃれだったから！」などと子どもは教えてくれるでしょう。

それに対して、「なるほどね！オレンジと黄色は秋の色なんだね。秋は、葉っぱもおしゃれをしたくなっちゃうんだね」と、もう一歩踏み込んだ称賛の言葉かけを行えば、本当のその子らしさが顔を出します。このように無自覚な気づきを言葉にする、さらにそれを認める働きかけをすることによって、自覚的な気付きへと変容します。

3　共感する

「共感する」ことの大切さは、誰しも感じているものの、(私も含めて)なかなか実行できないのも、この「共感する」ことのむずかしさの特徴です。

私自身、「共感する」ことの必要性について、痛感するようになったのは割と最近です。それは、ある優れた保育士M先生との出会いがきっかけでした。彼女の実践記録には、私に足りない言葉かけが溢れていました。

【M先生の実践記録】

グループ名のテーマを決める相談の場面。いくつか候補が出たなかで、「花」と「魚」が多数決で残りました。

その後の多数決では、花が多かったのですが、魚で手を挙げた子が、それでも「魚がいい！」と言ってきました。私は、「みんながいいと思って決めたいからどうしようか？何かいい意見ある？」と聞いてみました。

Aが「次、決めるときは魚にするから、今日は花にしてほしいんだけどどうかな？」と提案してきました。すると、魚がいいと言っていたBがすっと手をあげ、「次、魚にするっていうことだったら納得できます」と発言しました。

魚を希望していた他の子も納得し賛成したのですが、Cだけは「魚がいい」と譲りませんでした。周りの子からも、「お願いしますよー」とCにささやく声が聞こえましたが、Cは応じません。

Cは、いつも大好きな友達Dと同じ答えや返事しかしなかったのが、初めて自分の意見を自分だけで主張し、通そうと粘りました。せっかく決まりかけたところでしたし、多数決でよいとみんなで決めていたのにもかかわらず反対するC。それでも、今までに見られなかったCの主張が嬉しく、どうなるかを楽しみに思いました。

みんなが納得いくまで時間をかけたかったのですが、このままでは外遊びもできなくなってしまうので「時間をおいてまた考えよう」と伝えて、続きはあとにしました。

午前の活動が終わり、午睡も明けて夕方になったころ、Cが自分から「先生、花でいい」と言ってきました。「どうしてそう思ったの？」と聞いてみたら「いつまでもこのままではよくないと思ったから。花のほうが多かったし」と、多数決で決めようと言っていたことにも自分なりに理解しようとする姿が見られました。

「Cくんは、深海の魚が大好きだから、魚がよかったんだよね」と声をかけたら大きくうなずきました。

（松村が一部再構成）

もし私がM先生の立場だったら、最後の一言はとても言えなかったでしょう。きっと次の言葉を口にしたに違いありません。「えらいね。我慢してくれてありがとう」と。**「共感する」ということは、その子と同じ目線で出来事をとらえ、同じ気持ちになってそれを言語化すること**なのだと思います。それは、称賛することとは全く質の異なる言葉かけなのだろうと思います。

個別指導は、ときに教師の思い込みを取り除いてくれる

一対一の時間をつくるという意味では、授業だけでは十分に個別指導を行うことができない場合もあります。そのようなとき、私は本人や保護者との相談の上で、放課後に補習を行ったりしています。

学習内容を補充するにとどまらず、一対一でかかわることによって、その子の学習に取り組む姿を観察したり、対話を通して、その子が困っていることやつまずいていることが見えてくるからです。

以前、学習全般への苦手意識が強く、学童や家庭で集中して学習することがむずかしいAさんと、放課後の10分間、宿題の一部を一緒にやることにしました。

最初のころは、Aさんの苦手意識はやる気の問題だと思っていたのですが、私の見当外れでした。たとえば、算数科の文章題で、問題文をしっかりと読んでいるにもかかわ

らず、「何匹ですかって聞かれているから、足し算だ」と思い込み、誤った演算決定をしていたのです。そこで、私は次のように提案してみました。

「足し算か引き算かを決めるときには、読んだら絵を描いたり想像したりして、増えるときは足し算、減るときは引き算だと考えてみようよ」

すると、それ以後、同じような問題では誤答がほとんどなくなりました。

＊

教師の言葉かけにせよ、個別指導にせよ、一人一人の子供との一対一のかかわりをもつことは、学級づくりの基盤をつくります。**全体への働きかけと個への働きかけは、言わばコインの表と裏。この2つは、常に並行して追究していくことで、両者の関係性はより緊密になります。**すなわち、教師の想像以上の相乗効果をもたらしてくれるのだと思います。

（松）

行動が変われば、考え方も変わる

学びへの主体性は、ただ勉強ができるだけでは生まれない

授業に対して消極的な子どもは、どの学級にもいると思います。授業に対する姿勢はいつだって「受け身」、学ぶことにネガティブな感情さえもっているように見えます。確かに、授業が「つまらない」のであれば積極的になりようがないし、まして授業が「わからない」のであればポジティブな気持ちが生まれることもないのかもしれません。

しかし、単に勉強が「めんどくさい」「たいへん」「つまらない」というだけで、学びに対する感情がネガティブになるとも私には思えないのです。というのも、たとえ思うように勉強ができなくても、学習に対してポジティブな子どもたちもまたいるからです。

この両者の違いは、どこから生まれてくるのでしょう。安易に子ども自身の気質に帰してしまってよいのでしょうか。実は、むしろ教師のほうにこそ課題があるのではないか、そんなふうに最近感じるようになったのです。

子どもたちが、学習を「楽しい」「おもしろい」「やってよかった」と思うのはどのようなときか、テストでいい結果が出たときか？　もちろんそれも一因としてあるかと思います。しかし、それはあくまでも付随的な事柄であって、あまり本質的ではない気

がします。

学ぶこと自体の「楽しさ」、友達と協力して課題を達成したときの「充実感」「高揚感」、またやってみたいと思える「積極性」、そんな自己有用感のある学習体験があってはじめて、学習に対する主体性が生まれるのであり、それこそが本質なのではないかと思えるのです。

そう考えると、数年前までの自分を恥ずかしく思ってしまう経験が思い出されます。

授業の準備ができていない子どもがいれば「早く準備をしなさい！」、いくら促してもいっこうに発言しない子どもがいれば「なぜ、自分から手を挙げないのか！」と叱責したり、問いただしたりしてばかりいました。

そんなふうにされていては学習に対して受け身で、ネガティブな考え方をもつのはむしろ当然です。5分、10分で済めばまだいいほうですが、それが45分、1日、1週間、1年間と続くのですから…。子どもの時間軸にしてみれば、永遠とも思えるような果てしない時間です。

要するに、当時の私は、自分が理想とする子ども像に近くなるよう矯正しようとしていたのです。おそらく、私は目の前にいる子どもの姿をちゃんと見ていなかったのでしょう。

何かができるようになるということ

1 まずは観察することから

私は現在、4年生を担任しています。ここでも学習に対してネガティブな子どもと出会うことになります。

4月当初、その子は、3年生までの既習事項がまったく定着していない状態でした。「宿題をやりたくないから、学校へも行きたくないと言っている」と母親から伝えられてもいます。学習そのものから完全に心が逃避している状況です。私は、胸が痛くなりました。母親との面談では「1年後には、学習することが好きだと必ず思えるように、私自身が努力していきます」と宣言しました。

私はまずその子の実像を知るべく、観察することからはじめました。その子にとって何が課題になっているのか、その子の行動面から知ることが目的です。学習がはじまる前から終わりまで細かく観察を行い、メモを残していきました。

すると、段々とその子の特徴や課題が見えてきました。まずは学習の準備が遅いこと。そのため、はじまりの活動から出遅れてしまう。次に、話を聞くべきタイミングで聞けていないこと。そのため、内容が理解することができない。すなわち、学習に向かう前段階に課題があることがわかってきます。

しばらく様子を見た後、その子に尋ねてみました。

「勉強するの、どう思ってる？」

「好きではないです。したくありません」

即答です。

「じゃあ、いまのままでもいい？」

しばらく無言が続きます。

「本当は勉強ができたらいいよね？」

明確な返事はありませんでしたが、心の奥底では「できるようになりたい」と願っていると感じました。それと同時に、「どうせやっても、自分なんか…」というあきらめの気持ちが支配的で、「勉強ができるようになりたい」とは言えなかったのでしょう。

学習に対してネガティブなのはこの子の問題なのかもしれないけど、本当は教師である私たちの問題なんだ、と感じました。

2 子どもと相談しながら一つ一つの行動を決める

「どんなことからならできそうか」と確認しながら、一つ一つの行動を決めていきました。行動の選択肢は提案しますが、私のほうから「これをやりなさい」とは絶対に言いません。徹底的にその子と相談するのです。

相談の結果、まず最初は「チャイムが鳴る前までに、授業で使う道具を用意する」からはじめました。少しずつ道具を用意する行動が定着してきたら、次の課題を相談して、さらに1つ追加していきます。

その結果、秋になるころには、前日に自分で予習を済ませ、準備万端で授業に臨めるようになりました。さらに、めあてを書く前にノートをつくれるようになり、何かわからないことがあっても黙り込んだりせず、友達に相談しています。自分から意見を発言できるようにもなり、振り返りの際には、自分の「わかったこと」「わからなかったこと」をノートに書けるようにまでなったのです。

そう簡単に学力が上がるわけではありませんが、学習に取り組む意欲が向上したことだけは間違いありません。

私の学級では、毎日3人ずつ日記を書いてもらっています。10月のある日、その子の日記にはこう書かれていました。

「いまでも、家で勉強するのがいやだな～と思うときもあるけれど、学校でみんなと一緒に勉強できるのは楽しいし、楽しいと思えることが増えてきました。もっとがんばってみようと思います」

できることからはじめ、行動を少しずつ変えていくことで、学習に対する考え方が変わります。1人の影響力は大きく、その子の変容によって、周りの仲間もよりよい方向へ感化されます。でも、一番変わったのは、教師である私自身だったような気がします。

（相）

「学びに向かう力」を鍛える生徒指導

学習指導と生徒指導は別々の指導?

「学習指導と生徒指導は車の両輪である」と言われます。この考え方自体は間違いないのだろうと思います。確かに学習指導と生徒指導は、教師の二大指導（役割）だと言っても過言ではないからです。

しかし、もしこの言葉を「教師の指導場面には、学習に対して指導する場面と子どもに対して指導する場面の2つがある」と受けとめてしまうと、思わぬミスリードとなります。

「学習に対する指導というのは、授業での指導だよね。それならば、子どもに対する指導というのは、授業外の生活指導やいじめ・不登校対応、あるいは特別活動（特に学校行事など）での指導を意味するのだろう」などと、授業と授業外の2つに指導場面を切り分けてしまった途端、指導の視野が狭くなってしまうからです。

この「両輪である」という表現は、2つの別々の車輪があるということを意味しているのではありません。「学習指導と生徒指導とは切り離して考えるものではなくて、相互に関係（影響）し合う密接不可分のものですよ」というのが、「車の両輪」に喩えられる本当の意図です。

文部科学省『生徒指導提要』（平成22年3月）では、次のように示されています。

> 学習指導における生徒指導としては、次のような二つの側面が考えられます。
> ①各教科等における学習活動が成立するために、一人一人の児童生徒が落ち着いた雰囲気の下で学習に取り組めるよう、基本的な学習態度の在り方等についての指導を行うこと。
> ②各教科等の学習において、一人一人の児童生徒が、そのねらいの達成に向けて意欲的に学習に取り組めるよう、一人一人を生かした創意工夫ある指導を行うこと。
>
> （ルビ点は筆者。また1文を箇条書きで2文に書き換えている）

ちょっと意外に思う方もいるかもしれませんが、普段私たちが学習指導と呼んでいるもののうち、授業で育てる学習態度や意欲面での指導は生徒指導なのです。

こうしたことから、「学習指導と生徒指導には深いかかわりがある」という理解からさらに一歩踏み込んで、「日ごろの授業のなかで、意図的に生徒指導を充実する」というチャレンジが大切なのだと思います。

「登下校の時間を守る」「挨拶をする」「授業開始時間までに必要な準備を済ませて着席する」「忘れ物をしない」「主体的に活動に取り組む」「積極的に発言できるようにする」ことなどは、授業場面で何気なく指導している働きかけも含めて、学習指導における大切な生徒指導なのだということです（学習指導と生徒指導の関係については、平成28年12月の中央教育審議会答申でも提起されています。本書の「はじめに」p.3を参照）。

学習指導における生徒指導の充実が、子どもたちの「学びに向かう力」を鍛えてくれる

学級では、実にいろいろな事件が起きます。

突然Aちゃんが Bちゃんを叩いてけんかになった、Cちゃんのリコーダーが隠された、Dちゃんの悪口が書かれた手紙が教室に落ちていた……私たち教師が頭を抱えてしまう光景です。お腹と気持ちの弱い私には、本当にしんどい光景でもあります。初任時代には1年間に10キロも体重が落ちてしまいました。

自分なりに子どもたちと接しているつもりでしたが、（私に力がなかったために）子ども同士のトラブルに対応できないこともしばしば。だから、職員室の電話が大嫌いでした。「放課後、子ども同士のトラブルが起きて…」とか、「うちの子のことで先生にお話が…」などと連絡が来るのではないかと不安を募らせていました。

職員室の電話が鳴るたびに、校内放送がかかるたびに、「どうか私の名前が呼ばれませんように…」と願うような毎日です。夜も更けてさすがにもう電話が鳴り出さないだ

ろう時間になってはじめて、「今日は大きな問題がなくてよかった…」と胸を撫で下ろしていました。

それがある年から、子ども同士のトラブルが劇的に減っていることに気付きました。前年度を思い返してみても記憶に残るようなトラブルは1年に2回程度だったのです。それが本当に少ない数なのかは先生方の判断に委ねたいと思いますが、そのときの私にとっては「おっ！トラブルを減らせてきたな」と実感できる瞬間だったのです。

私にとっては、「結果的に減った」のではなく、「意図的に減らせた」なのです。「学習指導における生徒指導が、ここにきてようやく効いてきたな」という実感でした。

これまでの指導方法を大きく変えたわけではないのですが、この2つの指導の関係性に対する意識を意図的に高めていったのです。ポイントは次の3つ。

1 「よし！できた」という達成感を得る生徒指導

子どもたちは、いつだって「勉強ができるようになりたい」と願っています。私たち教師は、そんな子どもたちの願いを実現する授業を目指しています。どの子にもわかる授業が理想です。このとき、「どの子にもわかる」理解レベルが、どの程度の高さに到達していれば「自分は勉強ができるようになった」と実感するのでしょうか。

結論から言うと、子どもの実感は、理解レベルの高さによってもたらされるわけではないように思います。それよりも、学習問題（課題）を目にしたとき、「これならできそうだ」という期待感と「よし！できた」という達成感が行き来する連続的な喜びや、その成果が自分自身の目に見えたときに生まれるのではないでしょうか。

言い換えると、**学習問題（課題）への正しい答えが出せたという事実と、その事実を承認し合える（受けとめてもらえる）学級でさえあれば、問われた問題のレベルにかかわらず、子どもは「自分はできた！」という実感をもてる**のだと思うのです。

私はまず目の前にいる子どもたちの学習状況を分析し、（学習の定着度が高いとか低いとかではなく）「この問いかけだったら、この子たちなら誰でも答えられる」という発問を考えていきました。その1つが、「この物語文の題名は何かな？」という発問です。国語の物語文の単元で使っていました。

「物語文の題名なんて教科書にそのまま書いているのにばかばかしい発問だ」と思われる方もいるかもしれません。「子どもにしたって、答えるのが恥ずかしくって誰も手などあげないだろう」と。

それがそうでもないのです。むしろ、絶対に間違わない問題だからこそ、勉強が得意な子もそうでない子も喜んで手を挙げます。**問題のレベルの高低ではない**のです。**「手を挙げられた自分」という行為の事実こそが大切**なのです。

物語文の題名を尋ねる発問は、6年生の子どもたちに対してもよく行っていましたが、積極的に手を挙げて「『やまなし』です！」などと答えてくれました。けっして、しらけるようなことはありません。このような本当に小さな、ささやかな「できた」を一つ一つ大切に積み上げていきながら、意欲的に学習に参画する態度、すなわち学びに向かう力を育てていくのです。

それともうひとつ、私にはこだわりがあります。それは、子どもがテストで満点をとれるようになるまで指導することです。

もちろん、テストの結果がすべてではありません。学習の本質からすれば付随的な事柄であることは前のテーマでも述べました。しかし、子どもが自分の学習に自信をもてるようになるためには、どうしても必要な要素だと思うのです。「がんばりました！でも、テストはできませんでした！」では、（どれだけ綺麗ごとを並べたところで）その子の次の学習への意欲は湧きません。

5年生を担任したときのことです。ある子が算数科のテストで満点を取りました。その子が小学校に入学して初めてとった満点です。泣きながら喜ぶその子の笑顔は、生涯忘れられないでしょう。

授業を通して、「やればできるんだ」という学習経験を何度も何度も積んでいくことが、学ぶ楽しさを味わえるようにする一番の近道だと思うのです。

2 友達と力を合わせて学習問題を解決する充実感を味わう生徒指導

既習事項や経験を基にして、友達と話し合い、一緒になって問題を解決していく授業を日々つくります。このときには、**課題解決の問題レベルを子どもたちの定着レベルよりも、ちょっとだけ高く設定**します。みんなで知恵を出し合えば解決できるけど、1人で考えていても行き詰ってしまうような問題設定です。そのさじ加減一つで、子どもの学び合いの本気度が変わります。

「よくわからなかったら、友達と一緒に考えてもいいからね」と促せば、子どもたちは自然に相談しはじめます。「何となく解決できそうな気がするのだけど…」という思いがあるので、子どもたちは真剣に互いの考えを聴き合い、意見を述べ合い、最終的に問題を解いていきます。

このときの喜びようったらありません。1人で解決できたときよりも、遙かに嬉しそうなのです。**「友達と力を合わせたら、1人ではできなかったことができた」という学習経験は、計り知れないほどの喜びと自己有用感を子どもたちにもたらす**のでしょう。

「防災」をテーマにした総合的な学習の時間のときもそうでした。

「災害から命を守るために」という大きな学習課題を学級全体で共有し、体験活動を充実しました。豊かな体験は、子どもたちが主体的に互いの意見を積み重ね、協力して活動を推し進めていく原動力です。そのような**学習過程の質的改善を促すためには、学習を通してどのように人とかかわっていけばよいのか、人とのかかわり方を学ぶ生徒指導の充実が欠かせない**のだと思います。

3 自己肯定感を育てる生徒指導

上述のように、学習指導における生徒指導の目的の1つは、「各教科等の学習において、一人一人の児童生徒が、そのねらいの達成に向けて意欲的に学習に取り組める」ようにすることです。そのためには、次のような学級風土・文化を築くことが大切です。

「わからないことを素直にわからないと言える」
「自信をもって、自分の考えを言える」
「友達の考えを真剣に聴ける」
「協力して学習に取り組める」

このような学級であれば、どの子にも居場所ができます。自分は価値ある存在だと実感できるようになります。だから、学びに向かおうとする雰囲気が生まれます。何ごとにも積極的に取り組もうとする姿です。自分の価値を認められた満足感は、お互いの違いを超えて、他の人を認めようとする態度につながっていくのです。

いずれも対処療法では実現することが叶わない子どもの姿であり、生徒指導のありようです。あまり偉そうなことは言えませんが、**トラブルを直接的に解消するための生徒指導よりも、子どもたちが学ぶ楽しさを知り、自ら学ぼうとする意欲や態度がトラブルを打ち消していってくれる生徒指導**にこれからも挑戦していきたいと思います。

（相）

第3章
学びに向かう学級をつくる

「安心」に包まれる学級づくり

「安心」が必要なのは、何も1年生だけじゃない！

スタートカリキュラムの重要なキーワードに「安心」と「自己発揮」があります。小学校に入学した子どもたちは、園などでの遊びや生活を通して、幼児期に必要なことをたっぷりと学んできています。生き生きと学べるということは、「安心」に支えられているということです（資料）。「安心」であることは、子どもたちの伸び伸びとした自己発揮と、新しい学校生活づくりの礎《いしずえ》となります。

この考え方は、スタートカリキュラムの対象となる小学校1年生だけの話ではないように思います。むしろ、6年間を通した小学校教育全体に関わる大切な提起だと私は思うのです…などと偉そうに話している私ですが、スタートカリキュラムに触れる前は、「安心」ということをあまり意識したことはありませんでした。当時の私の目には、みなそれぞれに学校生活を楽しみ、それなりに学んでいるように映っていたのです。それが、教員4年目に転機が訪れました。

その年、異動先の小学校で1年生を担任することになったのですが、校長の方針もあって、「スタートカリキュラム　スタートブック」（国立教育政策研究所、平成27年1月）に基づく実践に携わることになりました。そこでは、「安心」を重視した実践が強調さ

資料

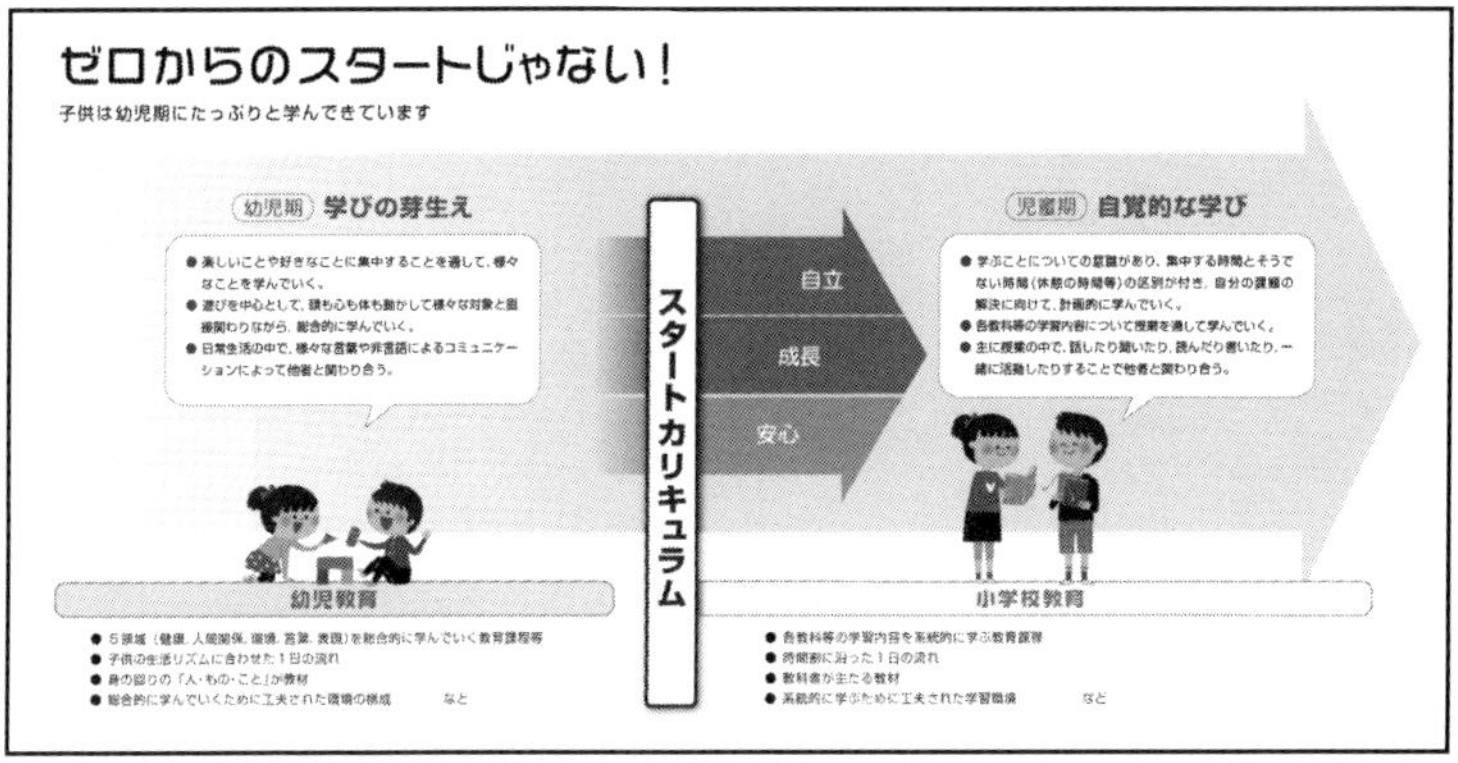

［出典］「スタートカリキュラム　スタートブック」より

れています。

実のところ、当初は半信半疑でした。「安心なんて、当たり前のことじゃないか」とお題目くらいにしか考えていなかったからです。「やらなくちゃいけなくなったんだし、まぁ騙されたと思ってやってみよう」くらいの気分でした。

まず、朝の時間から1時間目にかけて、子どもたちと遊んでみることにしました。とはいえ、どうにも勝手がわからなかったので、「幼稚園や保育園ではどんな遊びをした？」「歌は歌った？」と子ども自身に尋ねて、その日に何をやるのかを決めていました。

子どもたちと歌う曲を決めて、みんなで歌ったり、集団遊びやグループ対抗の遊びをしながら、体を動かしたり、友達とのかかわりを増やせるような遊びを採り入れていきました。そんなことを続けているうちに、私は段々に「お！」という手応えを感じるようになったのです。

まず、子どもたち同士の友達関係を築くスピードが増しました。あっという間に仲よくなるのです。これまでとは段違いのスピードです。すると、今度は学級内に柔らかい雰囲気が生まれました。そうした環境が「安心感」を生んだのか、自分自身を伸び伸びと表に出せる子どもがぐんと増えたのです。

それにつれて、「うちの子はなかなか友達ができなくて…」とか、「なかなか自分の言いたいことを言えなくて…」といった保護者からの相談ごとが激減しました。その結果、教師としての時間的・心情的な余裕も生まれて、私の支援を本当に必要としている子どもに重点的にかかわれるようになりました。まさに、「安心の相乗効果」と言って差し支えないと思います。

私が半信半疑で設定した「一人一人が安心感をもち、新しい人間関係を築いていけるようにすること」をねらいとした時間は、結果的に正鵠を得ていたことになります。裏を返せば、「安心がどれだけ大切なことなのか」私はまるでわかっていなかったのです。

本当は、誰しも身に覚えのあることだったはずなのにです。教師の異動だって、子どもの小学校入学と一緒。よくよく考えれば、私だってはじめての異動の直前は不安でいっぱいでした。

「新しい職場で、ほかの先生方に受け入れてもらえるかなぁ…」

「前任校で学んできたことが、この学校でも通用するだろうか…」

「行事の進め方って、学校によって違うよな…」

「大丈夫かな？　やっていけるかな…」

私の不安は枚挙の暇もありません。

それが、実際に異動してみると、何か困っている表情を浮かべるたびに「どうしましたか？」と声をかけてくれる、入学式などの準備を通して多くの同僚が積極的にかかわってくれる、新しい学校でもこれまで私が学んできたことが（課題は盛りだくさんですが）何とか通用する、こうした周囲との関係性や自己有用感によって、私の不安は次第に安心に変わっていきました。

「こういうことは、きっと大人も子どもも変わらないんだろうな」というのが、そのときの率直な感想です。

小学校入学時だってそう、２年生への進級のときだってそう、これまで慣れ親しんできた環境が変わることは、（期待を併せもった）不安が多かれ少なかれあるということです。

安心づくり名人になろう！

すっかりその気になった私は、「安心づくり名人」を目指そうと考えるようになりました。そこで、私なりに行ったのが「ひと」「もの」「こと」の３つの切り口から、学級の「安心」を見直してみることです。

1　安心を「ひと」の視点から考える

子どもたちの周りにいる「ひと」とは、主に学級の友達と担任です。休み時間に一人ぼっちの子はいないか、授業中の対話で友達とかかわることができているかなどを丁寧に見ます。そして、友達関係を築くための支援が必要な子がいれば、本人の希望も聞きながらかかわります。

ただし、支援といっても、直接的に友達づくりを助ける指導を行うわけでは必ずしもありません。どちらかというと、支援が必要な子どもがより多くの子どもたちとかかわれるような活動（ペアやグループによる協働学習など）を、授業のなかにできるだけ多く組み込んでいきました。

加えて、担任教師である私との関係が良好か、その子が伝えたいときに伝えられる環境か、「困ったときには必ず助けてくれる」とお互いに思い合える学級となっているかを継続的に問い直します。

2 安心を「もの」の視点から考える

まず、自分の教室を見渡してみます。そして、子どもたちは、教室のどこに何があるかを理解しているか、それらの「もの」を自由に使えるようになっているかを問い直します。ほんの些細なことですが、「子どもたちが必要とするものを必要なときに自由に使える」環境を整えると、教師がびっくりするほどの安心感を子どもに与えます。

次に、教室掲示を確認します。もし、見栄えや教師としての満足感を優先した掲示になっていたならば、子どもたちが学習してきた履歴がわかる（たとえば板書写真の拡大コピー）、今後の学習の見通しが可視化される掲示に見直します。

子どもたちの学びのプロセスが、いまどの段階にあるのか、それを子ども自身が友達と見合うなかで確認できるような掲示であれば、授業の手助けになるだけではなく、生活感や所属感にもつながり、安心感をもたらすと思います。

一方、子どもたち一人一人の持ち物はどうでしょうか。私は、道具箱やロッカーなどの使い方を細かく決めることはしません。模範となるようなモデルを示しつつも、できるだけ子どもたちに委ね、自分にとって使い勝手のよい整理はどのようなものかを子どもたちに考えさせ、決めるようにします（整理整頓が苦手な子には個別に支援）。こうしたことも安心感につながるように思います。

3　安心を「こと」の視点から考える

大きく分けて、「見通しをもてる安心」「経験を生かせる安心」の２つの切り口から見直します。

「見通しをもてる安心」とは、これから自分は何をするのか、それは何のためなのか、どこへ向かおうとしているのかがわかる、言わば心構えをもてる安心感です。新しい学びに向かって、「わくわく」「ドキドキ」「楽しそう」「嬉しい」「おもしろそう」といった心情も大切ですが、子どもたちが穏やかな風情で見通しをもてる心構えをもてたら最高だと私は思うのです。

一方、「経験を生かせる安心」とは、これまで積み上げてきた経験が役に立つ、決して無駄にはならないという肯定的な手応えのある安心感です。こうした安心感をもてるようにするためには、「幼稚園（保育所）では、どんな遊びが流行ってた？」「去年の学級ではどんなふうにノートを使ってたの？」と、過去の学習経験を引き出し、これからの学習に結び付けることです。

私自身、まだまだ試行錯誤ですが、「安心」という切り口から、学級づくり、授業づくりに取り組んでみたところ、それまで見逃していたかもしれない学級の雰囲気を感じ取れるようになった気がします。

（松）

02

教室掲示は最高の思考ツール

教室は、子どもたちが学校生活のほとんどの時間を過ごす場所。ですから、子どもたちが安心できる教室環境をつくることは本当に大切だと思います。

ここでは、5つの切り口から、教室環境の工夫について紹介します。

1 誰にとってもわかりやすい教室掲示

「障害の有無にかかわらず、誰にとってもわかりやすい」そんな視点をもてれば、教室環境においても素晴らしいことだと思います。いわゆる、ユニバーサルデザインの視点と呼ばれるものです。

たとえば、教室前面の掲示物は極力なくす、学習に直接関係のないものは黒板に貼らないなど、教室の掲示物をできるだけ減らしてシンプルにすることが、最近の教室掲示の流行です。子どもへの視覚的な刺激を減らし、集中しやすい環境をつくるという考え方です。

その一方で、ややもすると「掲示物は少なければ少ないほどよい」とミスリードするリスクもあります。ここで、単に方法をまねるのではなく、「誰にとってもわかりやすい」という原点に立ち、もう一歩踏み込んで見直していきたいと思います。

例を挙げると、以下のような見直しの視点です。

①清掃当番の表は、子どもが見たいと思ったときに、すぐに確認できる位置にあるか。

②給食当番の表は、配膳する場所に近い位置に掲示されているか。
③机を整頓する際に合わせる目印は、子どもが見やすい机の後ろの足の位置に示されているか。

2 子どもたちが使いたいと思うものを使いやすくする

教室環境は、教師の力だけで整えるものではありません。ときには、子どもたちと一緒につくったりもするし、子どもたちだけでつくったりもします。このとき、子どもたちが使いたいと思ったものを、すぐに使えるようにすることが大切です。

①小さなサイズのカードとペン、画鋲を準備し、子どもたちが自由に使えるようにしておく。すると、係活動の掲示板などが、日々更新される掲示となる。
②自分が何かを見つけたことの気づきを手軽に書きとめられるカードを用意する。生活科の季節とかかわる活動などでとても役立つ。何かを見つけたり伝えたりすることへの意欲も高まる。
③「先生、あのね」カード、音読カード、振り返りノートの新しい用紙などをストックしておく。子どもが必要なときに必要なだけ使えることを事前に知らせておく。
④低学年であればひらがな表、カタカナ表、中学年以降であれば九九表などを常備する。

学習系の表は、その子の学びを深めるだけでなく苦手意識をもたせないことにもつながる。

3 学級で大切にしたいことは見える化する

学級の文化を見える化します。学級目標もその大切なことの1つです。普段の子どもたちの姿や言葉、それらの価値づけや意味づけが学級文化を醸成します。

たとえば、私の教室では、次の言葉が書かれた短冊を掲示しています。

「〜さんがいったことなんだけど」

「そのことなんだけど」

「だって」

「りゆうは…」

「〜みたい」

このような形で見える化されていると、子どもにとって意識しやすいものとなり、教師も指導しやすくなります。

子どもたち同士で発言をつないで考えを深めていく文化、自分の主張をはっきりと述べられる文化、何かと関連づけ、見立てながら考える文化、そんな学級文化を子どもたちの実際の姿とすり合わせながら、子どもと共につくっていきたいと考えています。

4 学習の見通しをもてるようにする

国語科と算数科については、単元の計画（身につけてきた力、めあてや身につけたい力、新出用語、学習計画など）を1枚にまとめて子どもに配布してしまいます。さらに、拡大コピーした模造紙を教室に掲示します。そして、授業が終わるごとに印をつけることで、今私たちはどこまで学習してきたのかを見える化します。

生活科では、子どもたちと一緒につくった学習の見通しを掲示しています。これらが単元レベルでの学習の見通しの可視化です。

授業レベルでは、次のようにして学習の見通しをもてるようにしています。

国語科では、1時間の学習の流れを示します。教科書に書かれている問題を見れば次に何をするのかがわかりやすい算数科とは異なり、国語科は見通しのもちにくい教科の1つだと考えたからです。

漢字など、帯で学習する内容については、確認する順序（①読み方、②画数、③でき方、④使い方など）を掲示し、その流れにのっとって学習を進めます。そうすることで、見通しをもてるだけでなく、多くの子どもたちが発言できるようにもなります。

5　学習の履歴を見える化する

生活科では、体験活動のときの様子、子どものつぶやき、振り返りの際の気づきなどを、写真や言葉でまとめて掲示します。次の活動の見通しを立てるのに、学習の履歴の共有が不可欠だからです。

国語科では、「登場人物」「場面」「段落」「問いと答え」などのよく使われる用語とその定義を掲示します。接続詞を掲示すると、「話すこと・聞くこと」「書くこと」の学習で活用できます。

算数科では、計算の仕方など、ポイントを絞って掲示します。

いずれにせよ、学習したことの掲示は、学習に対する子どもの怖れを払拭します。困ったときには、顔を上げてそれら掲示物を見ればよいわけですから。

＊

学年や学校全体で教室環境の意義について共通理解を図り、「揃えるべきところ」と「学級ごとに創意工夫を凝らしてよいところ」を事前に明確にしておけると、そのよさが学校全体に波及します。

（松）

授業規律を問い直してみよう！

素晴らしい授業規律は子どもたちに安心感と学びに向かう姿勢をもたらします

子どもたちは、学級という集団のなかで授業を受ける以上、そこには何らかのルールが必要です。一般に、「授業規律」と呼ばれるものですが、これをどのように受けとめ、実践するかによって、子どもの育ちが大きく変わります。

「規律」というと、何となく「○○のときは、～ねばならない」といった（半）強制的な「子どもたちに守ってほしい」教師側のルールを連想しがちです。もちろん、そうした「ねばならない」も、学級では必要な場面もありますが、よりよい学級には強制とは全く異なる規律があります。そうした**素晴らしい授業規律が学級に浸透すると、子どもたちは、授業を通して大きく成長していける**のです。

授業規律に善し悪しはある？

いろいろな学級を参観するとよくわかりますが、一口に授業規律といっても、その目に見える具体の姿は千差万別です。

たとえば、発言するときは「はい、〇〇です」と答えるなど、一定の型にのっとった子どもの行動様式を重視する学級もあれば、型にとらわれず自由に発言することを最良とする学級もあります。手を挙げて指名されたら必ず立ち上がって発言する学級、座ったままで良しとする学級など様々です。

ノートの取り方一つ、話し合いの仕方一つとっても、全く同じ学級は存在しません。このように、授業規律は、教師の考え方・価値観に大きく左右されるといって差し支えないでしょう。

実は、この点がとても重要です。すなわち、目に見える子どもの姿（行動様式）から、安易に善し悪しを判断しようとすると、理解を誤ってしまうのです。

「どのような規律が最も望ましいか？」と問われれば、「一律には決まらないですよね。いろいろな個性をお持ちの先生方がいますから」で終わってしまうでしょう。**本当に考えなければならないことは、その規律の中身よりもまず先に、「どのような考え方・価値観に基づいているのか」ということ**なのです。

そこで、次に、3つの視点から考えてみましょう。

授業規律を考える上での3つの視点

1　「誰のためにあるのか」

実を言うと、以前の私は、「教師が決めたことを、子どもに守らせることが授業規律」だと考える教師の1人でした。

私たち教師は職業柄、つい自分が子どもだったころの過去の体験（記憶）を規範として、受けもちの学級を当てはめようとします。過去の記憶がよいものであればあるほど、「きっとこの子たちにとってもいいはずだ」「理想の姿なんだ」と思い込んでしまうのです。その結果、肝心の「いま」「目の前にいる」子どもたちが置いてけぼりになります。

結局のところ、私はかつて自分が小学生のころに受けた授業をもとに、そしてその結果、私が理想だとみなした学級像に近づけるために、子どもが守るべき授業規律をつくっていたのです。それは、いわば教師である私のための規律だったのです。

授業規律が教師のためのものである限り、子どもたちが「守ったか」「守っていないか」のみが唯一の判断基準となります。それは、いわば教師のふるいのようなものであり、守らなければ叱責される構造をもっています。

そんな授業規律が、果たして子どもを守ってくれるでしょうか？　おそらく子どもたちは、内心で反発心を抱くでしょう。教師のための授業規律は、結局のところ押し付け、さらに言えば強制になりがちだからです。そもそも子どもたちが望んで行うものではありません。

授業規律は、教師のためのものではありません。子どもたちのためのものです。「先生は私たちの監視役」もしこんな受け止めが子どもたちの間に広まれば、彼らは萎縮して本音を封印し、やがて自分の思いや願いを一切口にしなくなります。

そして、そうなるためには、**授業規律は、子どもと共につくられることが必要**なのです。教師の押しつけではなく、子ども自らが「必要だ」と実感できるような規律です。そうであれば、「守る」「守らない」を決めるのは子どもたち自身となります。

自分なりの理想を思い描くことは、教師としてとても大切なことです。しかし、その理想の構築は、常に「子どもたちのためにあるもの」を出発点にするということなのです。

2 「何のためにあるのか」

結論から先に言うと、授業規律は、子どもたち自身、そして学級全体が成長するためにあるものです。

たとえば、私の学級には「わからないことに出合ったとき」と題する次のような授業規律があります〈秋田喜代美編『対話が生まれる教室』〈教育開発研究所〉を参考とした〉。

①わからないことを告白・相談する。
②告白・相談された友達は全力で協力する。
③それでもわからなかったら、さらに別の友達に相談する。
④わかったことを友達に説明する。

この授業規律を子どもたちとつくった目的は、「安心感」です。

「わからないことをわからないと言える」一見、当たり前のようでいて、意外とむずかしいことの1つです。なぜなら、子どもの側からすると、とても勇気のいることだからです。まして、押さえつけられるような雰囲気のある学級ではなおさらです。なかなか言えるものではありません。それを当たり前のように言える環境をつくることによって、学級に「言ってもいいんだ、大丈夫なんだ」という安心感を生み出したかったのです。

この安心感がもたらす学習効果は図りしれません。どの子も学ぶことに対して意欲的になるからです。

このような「わからないことを言える」雰囲気は双方向性をもちます。「わからない」という言葉を聞いてくれる（あるいは、聞き合う）友達の存在があってはじめて成立するからです。子どもたちは、「わからない」と悩んでいる友達の声に耳を傾け、自分の考えを試行錯誤しながら、一生懸命伝えようとします。そこには安心感に加えて、あたたかみが生まれます。

わからなかったことが、**友達の協力によってわかるようになる経験を積んでいくと、子どもたちはやがて学習が「わかる」「できる」楽しさを味わうことができる**ようになります。さらに、友達との信頼関係を築くことができ、互いを大切にしようとする気持ちが育まれます。

このようにして、子どもたちの「学びに向かう力」は高まっていくのです。

3 「いつ、つくるのか」

私は、4月、特に最初の1週間が、授業規律のつくりどきだと考えています。子どもたちは、どの子も「成長したい」「今年もがんばるぞ」と思っています。年度のはじめは特にそうです。だからこそ、その願いが一番強いときに子どもと共につくるのです。

このとき、気をつけなければならないことがあります。それは、「子どもとゼロから授業規律をつくるわけではない」ということです。まずは、目の前の子どもたちがどのような個性をもっているのかを見渡し、それらが最もよい形で発露する姿をイ、メ、ージ、した上で、教師がよいと考えることや身につけさせたいことを土台にします。

「先生はこう考えているけれども、きみたちにとってはどうだろう？」

このときの「きみたちにとって」とは、「自分」「学級」のための成長にとってどうだろうかという問いかけです。

互いの納得が得られた授業規律は、子どもを縛るのではなく、むしろ解放してくれます。だから、決めた以上は何としても1年間貫き通します。

＊

「誰のための授業規律なのか」

「何のための授業規律なのか」

教師がいつものこの2点を忘れずに、授業に取り組んでいければ、その授業規律は、よりよい学級をつくっていく羅針盤となります。1年後の学級は、これまでの学級とはひと味違う学級になっていることでしょう。


（相）

学級通信―低学年編―

子どもの学びのプロセスを伝える

ここでは、低学年の子どもをもつ保護者を対象とした「学級通信」について考えていきたいと思います。特に、子どもたちに直接伝えるにはむずかしいこと、子どもたちの口からでは伝わりにくいことにポイントを絞ります。

私は、教室で起きている出来事、子どもたちの様子がどのようにして生まれたのか、そのプロセスをまとめるようにしています。そこで、ここでは私が発行している1年生の学級通信「ビッグバン」(平成28年度)から抜粋して紹介します。

【学級通信①】見通しと振り返りで子どもたちと授業を創る!(4月15日)

14日㈭のぐんぐんタイムの国語では、前日の名刺づくりの続きと名刺交換をしました。

1年間を通して、「見通しを立てたり、振り返ったりする学習活動」を大切にしたいと考えています。

この日は、前日の名刺づくりの活動を振り返って、今日は何をするのかを子どもたちと確認していきました。名刺づくりが終わったら友達と名刺交換をするというゴールのイメージの見通しだけではなく、そこに至るまでの、名前を書く、絵を描いたり色を塗ったりする、はさみで切るといったプロセスのイメージの見通しももたせています。

また、「ここまでのことは、長い針がどこになったら終わりそう?」と問いかけて、自分の活動のペースや時間の感覚の認識も育てています。終わったらどうするのかも子どもたちと相談して、早く終わったら読書をすることにしました。

名刺交換のモデルも、子どもたちの意見を基にしてつくっていきました。

「名刺交換しようよ」

「私の名前は○○です」

「1年間よろしくね」

「友達になってね」

などの言葉を使いながら、グループの友達をはじめ、7人の友達と名刺交換をしました。8枚つくったなかの1枚は、おうちの人に見せるために持って帰りました。自ら見せて、自分のがんばりを自分で伝えることができたでしょうか?


【学級通信②】夏の遊び…遊びのなかの「学び」って一体何でしょうか?(6月6日)

平成元年の学習指導要領改訂で生まれた生活科は、遊びを学習として見ることを提起しました。つまり、「よく(休み時間に)遊び、よく(授業で)学べ」ではなく、「よく遊びながらよく学べ」ということです。

しかし生活科には、「楽しいだけでいいのか」「遊んでいるだけでいいのか」という批判もしばしばあります。

　本当に、楽しい「だけ」でしょうか。遊んでいる「だけ」でしょうか。私は、子どもたちが目的に向かって楽しく遊んでいるときには、そこには必ず学びがあるはずだと思っています。４日(土)の生活科の夏の遊びでは、子どもたちの姿はどうだったでしょうか。楽しい「だけ」でしょうか。遊んでいる「だけ」でしょうか。


【学級通信③】国語の学習の様子は…（7月4日）

「おおきなかぶ」の第1時では、物語文か説明文かということで論争になりました。といっても、「かぶのことを説明している！」と言い張っていたのは実は１人。その１人を説得するための話し合いです。

「犬が猫を呼んできたり、猫がねずみを呼んできたりして、動物が自分で動いたり話したりしているから作り話だと思う」

「普通のかぶはこれくらい（↑手で示していました）しか大きくならないけれど、このお話はすごく大きくなっている」

「説明文なら、かぶが大きくなるまでを詳しく説明しているはず」

　このように、物語文と説明文の違いと「おおきなかぶ」の内容をよく踏まえて話していました。

登場人物の３つの定義とそれに基づいて見つけることは既にお手の物です。

登場する順序についても、「背の順になっている」「おじいさんは、種を蒔いた人だから一番」「おばあさんは、おじいさんと仲良しだからで、孫は、おじいさんとおばあさんが大切にしているから？」「孫が犬を飼っているのかも」「犬と猫は友達だから」「猫がねずみを呼んだのは、どうしても抜けないからしょうがなく！」「いや、ライバルだから」「実は友達なのかもしれない」「あとから食べちゃうつもりだったけど、協力していたら仲良くなった」など、想像を広げながら楽しく考えていました。

【事例４】ダンゴムシを「育てる」ってどういうこと？（11月7日）

（前略）私は「みんなはダンゴムシを育てているけれど、ところで『育てる』ってどういうこと？」と尋ねました。

一瞬しーんとなったのですが、ちらほらと手が挙がりはじめ、次のような飼育活動の本質に迫る意見が出てきました。

「大切にするっていうこと」
「長く飼うこと」
「最後まで飼うこと」
「大きく元気にすること」

「お世話をすること」

「大きくなるまで見ること」

「しっかりと見てあげること」

「お世話を忘れないこと」


そこで、「今、出てきた意見を基に、自分たちが楽しいと思っていたことを見てみると、どうかな？」と問いかけました。すると次のような発言が生まれます。

「競争をしたり手に乗せたりして遊んであげるのはいいんだけど、落としちゃうときがあるから、それは大切にしているとは言えない」

「遊んであげるときによく見てあげているから、遊ぶことはいいことだと思う」

「手に乗せたときに触りすぎちゃうときがあって、そうすると弱っちゃうからだめ」

「ダンゴムシを集めるのは、長く飼うってことにならないから、育てていることにはならないと思う」


自分がこれまでダンゴムシとのかかわりで行ってきたことが、ダンゴムシにとってよいことだったのかを振り返り、やっぱりよかったのだという意見もあれば、反省すべきことがあったことに気づく姿もありました。

【学級通信⑤】「コの字型」の座席配置について。（11月21日）

学校公開アンケートのなかで、「初めて見た机のレイアウトでした。意図を教えていただきたいです」という感想をいただきました。興味をもっていただいたこと、とても嬉しく思いました。

今年度の1年生は、現在すべての学級で「コの字型」の座席配置となっています。それぞれの担任ごとに意図は多少の違いがあると思いますが、私は、すべての子どもたちが友達のことを見ることができるようにするためというのが一番の意図です。

通常の座席配置だと、一番前の子は、基本的には黒板と担任しか見ることができません。授業のなかで、個人の活動であっても、友達が何をしているか（たとえば、書いている、相談している、悩んでいる、早く終わっているなど）を見ることができるのは大切なことだと考えていて、そういったことが自然と目に入る、日常的に友達とまなざしを交わし合うことができるように、「コの字型」にしています。

「このような座席配置にすると、おしゃべりが多くなるのではないか？」といった心配もあるとは思うのですが、そのようなことはほとんどありません。ただし、黒板を見にくいこともあったり、通路が複雑になったりするといったデメリットもあるので、席替えのときに配慮したり、絵の具を使うときなどには通常の座席配置に変えたりしています。

学校公開の様子をご覧になってのご意見など、またお聞かせください。

1つの授業は、どのような教師の考えのもとに構想されたのか、実際の子どもたちの姿はどうだったのか、そこで私はどう考えたのか、その考えに基づいてどのような指導や支援をしたのか、その結果として子どもたちの学びはどうなったのか、そこにはどのような価値があるのか…。

こうしたことを「学級通信」に盛り込むことによって、子どもたちのある瞬間、ある一面を切り取るような結果だけではなく、子どもたちの活動がどのようにして生まれたのか、そのプロセスを伝えることができます。

プロセスを知ることは、読み手の想像力を喚起します。自分なりのイメージが生まれれば、目の前の我が子の学びを実感できるようになります。保護者の教師理解という副次的なおまけまでついてきます。

「あのね、きょうね…」帰宅した子どもが保護者に飛びついて学校での出来事を話しはじめます。その話を「うんうん、そうだったの」を聞きながら、「ああ、きっと担任の先生は、この子の引っ込み思案な性格に配慮して友達の輪の中に入れてくれたんだろうな」と。

（松）

学級通信—高学年編—

子ども、保護者、教師の三者による学級づくり

学習指導と生活指導が車の両輪だとすれば、学級はシャーシ（骨組み）です。シャーシがしっかりしていなければ、（どれだけ強力な車輪があっても）車はまっすぐ走れません。そのシャーシづくりに不可欠だと思っていることが「学級通信」です。

私の指導が試される教師への評価規準

私が教師になって12年間、年度はじめの学級通信に決まって載せる3つの理念があります。

①友達を大切にし、自分を大切にすること。
②何事も全力で取り組むこと。
③感謝の気持ちをもつこと。

4月、担任である私が、学級の子どもたちに何を求めるのか、子どもとその保護者に対して「先生が大切にしていること」を表明するわけです。学級の善し悪しを考える上でのよりどころ、指導と評価の核となります。

指導は私が子どもに求めることですが、評価はブーメラン。そのまま自分に跳ね返っ

てきます。1年を通して、上記3つが子どもたちに培われていなければ、担任である私の責任だからです。

そのような意味で、上記3つは教師である私を評価するための評価規準だと言えます。①であれば、「子どもたちが友達を大切にし、自分を大切にするような指導ができたか」、それができていなければ、私の評価は「努力を要すると判断されるもの」（C評価）ということです。

私は、年間100号を目指して「学級通信」を発行しています。そこで、ここでは「学級通信」の教育的効果について紹介します。

私の価値観を伝える場

学級通信では、上記3つの理念にかかわる子どもたちの行動を拾い出して、具体的に書くようにしています。

①であれば、「片付けを手伝ったAさん」「悩んでいる友達に声をかけていたBくん」など、教師である私が彼らの行為をどのように受けとめたのか（価値づけ）を伝えます。

②であれば、「自分の殻をやぶって発言できた」「自習を10ページやってきた」「学芸会に向けて秘密の特訓をした」など、自分の成長のために全力で取り組む姿、そこには

どのようなよさがあるのかを伝えます。
③であれば、日々の学校生活、社会科や総合などでの地域学習、運動会などの大きな行事を終えたとき、保護者をはじめとして、他の学級の先生方、主事さん、事務さん、PTAのみなさん、地域の方などが影で支えてくれていることに気づける広い視野、その子自身の成長への気づき、感謝の気持ちを忘れないことなどを伝えます。
このように、3つの理念にかかわる価値観を伝え続けます。継続することで、子どもたちのなかに染み込んでいきます。やがてその子なりの価値観が醸成され、お互いの価値観を受けとめられるようになります。

こうした3つの理念に基づく多様な価値観が、学級のシャーシ（骨組み）を鍛え上げていくのだと思います。

友達のよさを広げる場

学級の中で仲のよいAさん、Bくん。でも、いくら友達がいても、その友達の気持ちやがんばっている姿を、子どもたちは案外知りません。発達段階にもよるとは思いますが、「まずは何より自分の成長」を優先するのは、児童期には大切なことだからです。

それを前提としながらも、友達のよさを知ることは、彼らの成長をさらによりよいものにしてくれます。そこで、担任だからこそ「見ている」「知っている」友達のよさを、「学級通信」を通して子どもたちと共有します。

たとえば、持久走記録会で1位になったCさん。周囲の友達からは「すごいね！おめでとう！運動が得意だもんね」という声。しかし、Cさんがなぜ1位を取ることができたのか、そのプロセスを周囲の友達は知りません。1位になったという結果が、彼らの賞賛の要因になっているわけです。「1位だからすごい。運動が得意だから」という案配です。では、もしCさんが4位だったらどうでしょう。特に賞賛の声もなく、スルーされるのではないでしょうか？

持久走記録会後の彼女の振り返りには、次のように書かれていました。

私はこの2か月間、毎日1キロ走ってきました。いろいろ大変だったけれど、タイムが伸びて本当によかったです。

私は、学級通信でCさんの振り返りを取り上げました。すると、周囲の子どもたちは「え！マジ…」と驚きの表情を浮かべて黙り込みます。「走るのが得意だから1位」なのではなく、「日々の努力が実ったから1位」だという事実を思い知らされるからです。「Cさん、すごいね！」と賞賛するときの「すごい」が、まったく別の意味に変わってくるのです。

友達のノートを配った、お手紙を書いた、字を丁寧に書くようになった、予習をはじめたなど、日々の学校生活には様々な子どもの変化、行動のよさ、考えのよさがあります。そうした友達のよさを価値づけることで、個のよさが、学級全体のよさとなっていくのだと思います。

保護者の協力を勝ち取る場

保護者からよく言われる言葉があります。

「学級通信があるので、普段の学校の様子がよくわかって嬉しいです」

「先生、全部ファイルしていますよ！」

私たち教師が思っている以上に、学校での我が子の様子、学級の様子を知りたがっている保護者の心情がうかがわれます。

家に帰ってきた子どもが、「あのね、学校でね、こんなことがあったんだ」と話してくれているんじゃないの？とも思ったりするのですが、高学年になるとそうでもないようです。

「息子が学校のことをあんまり話してくれなくて…」個人面談などで結構な数の保護護

者が悩みを漏らします。

私はまだ結婚していないので、自分の子どもをもっていませんが（真剣に恋人募集中です）、よくよく自分の子ども時代を振り返ってみても、「そういえば、自分も学校での出来事を親に話すってこと、あまりしなかったなぁ」と思い当たります

高学年の男の子であれば思春期に近づいてきている時期、女の子であればその入り口に突入。何となく照れくさいやら、訳もなくイライラするやらで、学校で自分が行ったこと、思ったことを親に口にするのはむずかしいのでしょう。

学級を円滑に経営していくのに、保護者の協力は不可欠です。その協力をとりつけるには、学校での様子をつぶさに伝えることです。そうかといって、毎日のように保護者と面談するわけにもいかないし、土曜授業、保護者会だけでは、情報を十分に伝えることができません。そのための年間100号の学級通信です。

運動会などの行事後、どこの学校でも保護者からの感想（アンケート）を集めていると思います。私の知っている限りでは、担任が集めて校内の先生方が閲覧してそれっきり、ということが多いのですが、あるとき「これって、使えるんじゃない？」と思いつきました。学級通信に掲載することにしたのです。

学芸会のアンケートで次のような感想が寄せられたので早速掲載しました。

［Aさん］「心を1つに」した素晴らしい劇でした。「勇気の心！　1組魂」が伝わってきました。子どもたちがそれぞれの役になりきった演技に感動しました。

［Bさん］全員が堂々と演技し、大きな声で歌っていて、ミュージカルのような雰囲気が出ていて、とても楽しめました。孤児やスリの演技は迫真の演技で、本当にオリバーを助けたくなるほどでした。敵役の頑張りがあってこそ、成功するのだと実感する素晴らしい演技でした。

この号を読みあげたときの子どもたちの誇らしげな笑顔といったら…。

学級通信を通じてやりとりを続けていると、行事のときだけはなく、子どものよかったところを保護者が連絡帳に書いてくれるようになります。我が子のことだけではありません。学級全体を見渡すようなコメントもちらほら寄せられるようになります。私たち教師の心強い協力者の誕生です。

＊

ここでは、主に生徒指導上の効果を書きましたが、学習指導上の効果もたくさんあります。紙幅の都合で書ききれないのが残念です。この本をきっかけに、これまでよりも1号でも多く発行してくれたら嬉しい限りです。

（相）

06

学級だよりで共有するビジョンとプラン

学級経営のビジョン（どのような学級を実現したいか）と、プラン（ビジョンを実現するためには何を行うか）は、教師としての私の課題との裏返し。その年によって重点的に取り組む部分は変わってくるので、年度はじめにどんなビジョンとプランがよいかを思い描きながら1年をスタートします。これらが、年間を通して、私の実践を振り返るときのよりどころとなります。

ビジョンとプランは、「学級だより」を通じて保護者にも伝えます。内容だけでなく、タイトルもビジョンが反映されるよう工夫を凝らします。「我が子を受けもつ担任教師はいったいどんな考えをもっているのか」「毎日どんな教育活動を行っているのか」を理解してもらうためです。

ここでは、私のまとめてきた「学級だより」の一端を紹介したいと思います。私の教職人生はわずか5年間。どれだけのことができているのか極めて未知数ですが、そうであるからこそ、私と同じようにこれから成長していこうとしている先生方とビジョンとプランを共有したいと思います。

ビジョンとプランを掲げた「学級だより」

初任の年、教師という仕事がよくわからないなりにも、「高い自己肯定感をもった子どもを育てたい」と考え、4月の保護者会に「自分だいすき」をビジョンに掲げました。この年の「学級だより」のタイトルは「たからもの」です。『ぼくとママのたからもの』（作：斉藤栄美／絵：狩野ふきこ、金の星社、平成11年3月）という絵本のタイトルから拝借したもので、1年間の学校生活を通して、「子どもたちの心の中のたからものをいっぱい増やしたい」という想いを込めていました。

1学期を過ごした後、夏休み明けに次の5つのプランを出しました。

［教職1年目］1年担任

「学校だいすき、友達だいすき、自分だいすきな子どもを育てる」

①子ども全員が参加して、わかるようになる授業を目指し、教えるべきことは丁寧に教え、考えさせる場面では、ペアによる協同学習に力を入れていきます。

②生活科の授業のよりいっそうの充実を図り、たっぷりと体験させたり、繰り返し表現させたりすることを通して、思考力や表現力、自分の生活への関心を高めていきます。

③学習と生活の両方において、つまずきが見られた場合には、個別に丁寧に声をかけていきます。

④何かが起きてから注意をするのではなく、事前に声をかけて、「できたら褒める」といったよいサイクルをつくっていきます。

⑤引き続き、長縄にチャレンジさせて、自分たちの壁に挑戦する姿勢や、クラスとしての一体感や達成感を育てていきます。

翌年は、クラス替えのない持ち上がりの2年生を担任したこともあり、1年生のときのビジョンは継続しつつ、プランは手直ししています。

【教職2年目】2年担任

「学校だいすき・友達だいすき・自分だいすきな子どもを育てる」

①子ども全員が参加してわかる・できるようになる授業を行い、学力全体の向上を図ります。〈教えて考えさせる授業、ペア・グループによる協同学習、繰り返し練習など〉

②生活科の授業では体験と表現のスパイラルを大切にして、思考力・表現力の向上を図ります。〈子どもの思いや願いに基づく必然性のある活動、気づきを伝え合う活動など〉

③学級活動の授業の改善を行い、自分たちの生活を自らよりよくしていこうとする集団を育てます。〈クラス遊びの導入、学級会の指導、係活動の工夫、長縄チャレンジへの挑戦など〉

④振り返る活動を重視し、自分のよさや可能性を実感することで、自己肯定感を高めていきます。〈生活科授業の充実、日常的な話し合い、自己評価、相互評価（いいところ探し）など〉

⑤ご家庭とより一層連携し、子どもたちと保護者と担任とが学び合い育ち合うクラスを創

ります。

私は前年度を振り返り、第1号では次のことを書きました。

子どもたちは一人一人違っていたし、考えていることも感じていることも違っていました。一人一人がそれぞれ得意なことと苦手なことの両方を必ずもっていました。言葉でこそ、「得意なことと苦手なことがあって当たり前だ」と口にしてはいましたが、そのことの意味を私はちゃんと理解していませんでした。そこには、子どもにイライラしたり責任転嫁する自分、思っているように子どもたちが動かないとき、子どもの意見を無視して思いどおりに進めようとする自分がいます。

この年の「学級だより」のタイトルは、工藤直子さんのエッセイ集から拝借した『まるごと好きです』（工藤直子、筑摩書房、平成8年4月）です。「互いの違いを認め、自分と合わないところがあっても、それもひっくるめて相手のことを好きになれるような自分でありたい」「そのような学級にしたい」という願いを、「まるごと好きです」というタイトルに込めました。

翌年、2年間受けもった学級と別れ、再び1年生を担任するチャンスに恵まれました。

前年度、本書の共著者である相馬さんとの出会いもあり、授業の楽しさ、学級の明るさ、一人一人の居場所といったことの大切さに目を向けはじめていました。

こうしたことを踏まえ、この年のビジョンを打ち出しています。子どもたちとの出会いから1週間後、「1のビジョン、5のミッション、13のアクション」というプランを出しました。私の1年間の課題を、ここではっきりさせたかったのです。

【教職3年目】 1年担任

「学校は楽しくなければならない～みんなが安心して学び育ち合うクラスづくり」

1　友達と聞き合い学び合う関係
①ペア・グループによる協同学習を毎時間取り入れます。　〈協同して問題解決する態度〉
②わからないことを友達に聞く力を育てる指導をします。　〈援助を要請する力、学び合う力〉

2　できる・わかるようになる授業
③教えるべきことは丁寧に教えます。　〈基礎的・基本的な知識・技能〉
④徹底した反復練習を行います。　〈基礎的・基本的な知識・技能〉
⑤ジャンプのある課題を提示します。　〈活用力、思考力・表現力、学習意欲〉

3　子どもとともに創る生活科授業
⑥子どもたちの思いや願いに基づく授業を展開します。　〈学習を自ら創る力、学習意欲〉

⑦具体的な活動や体験を重視します。〈諸感覚、感性、学習意欲〉

⑧気づいたことなどを絵や文章で表現する活動を重視します。〈思考力・表現力、気付き〉

4　自分や友達を見つめる時間

⑨ことあるごとに自分の成長を振り返る機会を設けます。〈自己認識力、学習意欲〉

⑩友達のよいところに目が向くように指導します。〈相互評価する力、認め合う力〉

5　保護者とともに創るクラス

⑪密に連絡を取って保護者の思いをうかがい、よい方向へ向かうよう真剣に話し合います。

⑫土曜授業で保護者が学習に参加できる形式の授業を展開します。

⑬学級だよりで子どもたちの様子や担任の考えを伝えます。

この年の「学級だより」のタイトルは、『生き方：人間として一番大切なこと』（稲盛和夫、サンマーク出版、平成16年7月）という本の内容から拝借した「ど真剣！」。教師としての自分の未熟さや課題を自覚しつつ、第1号で次のように書きました。

一日一日を「ど真剣」にやる、学習も遊びも子どもたちと一緒に「ど真剣」にやるという一点においては、妥協することなく取り組んでいくことをお約束いたします。

【教職4年目】1年担任

「学校は楽しくなければならない～みんなが安心して学び育ち合う『最高の1年間』」

初異動、2校目での教員生活のスタートでした。基本的な考え方は継続しつつ、「最高の1年間」という言葉をつけ足しました。

「大人になったときに記憶に残っているのは高学年の思い出が多いかもしれないけれども、本当に充実した1年間を過ごすことができれば、もしかしたら小学校1年生のときが最高の1年間だという子どもも現れるのではないか」と私なりに夢見たのです。

この年は、異動したばかりで、自分が保護者から受け入れてもらえるか不安でした（もしかすると初任の年よりも…）。私はこの年、具体的なプランを打ち出す代わりに、子どもたちの姿を「学級だより」でできるだけ詳しく伝えたり、その年の夏に中央教育審議会より公表された「教育課程企画特別部会における論点整理について」（平成27年8月）で示された3つの「資質・能力」をベースに、子どもたちにどのような力が育っているかを記したりしていました。

この年の「学級だより」のタイトルは、『「課題先進国」日本：キャッチアップからフロントランナーへ』（小宮山宏、中央公論新社、平成19年9月）という本から拝借した「フロントランナー」です。

異動に際して、不安と同じくらいのやる気にも満ちていました。自分が担任した学級が、「答えなき問いに対して、友達と話し合いながら解決しようとし、自分なりの答えや新たな価値を見いだす」(「フロントランナー」第1号)ことを通して、新しい時代を切り拓くような役割を学校生活において担ってほしいという願いからでした。

【教職5年目】1年担任

「楽しい学校を自分たちで創り出すクラス」

「問題解決の話し合いをしていても、論理的で妥当な意見は出るものの、何となくこじんまりしていて、既存の発想を打開するようなひらめきが生まれない」前年度の秋ごろから私が感じていた学級の子どもたちの姿です。

その原因は、私の指導にありました。(他の項でも書きましたが)自分の思いどおりにしたいために、年度がはじまって早い段階で、子どもが本来もっているひらめきや創造性、発想力の芽を摘んでしまっていたのです。

「教師である私の狭い枠を取っ払い、子どもたちの自由な発想を引き出しつつ、一歩下がってそれらをファシリテートする」「子どもたちが自らの手で楽しい学校生活をつくりだしてほしい」そうした自戒と願いを込めて、「学級だより」のタイトルを「ビッグバン」としました。

「ビッグバン」の第1号では、次のように書いています。

無から有を生み出す、ゼロからイチを生み出すようなひらめきと創造性溢れるクラスになってほしい。

この年はプランというよりも、次の3つを柱に学級をつくっていきました。

①頼り合いと認め合い
②ひらめきと創造性
③自己決定と行動力

私個人の指導力によってでなく、子どもが本来もっている力が伸びていけるようなかかわりを目指したかったのです。

（松）

授業参観は保護者への授業

保護者が味方になってくれる学級ほど、強靱なものはありません。そのような意味で、授業参観は、保護者を巻き込む本当によいチャンスです。

「うちの子は、先生の話をちゃんと聞いているだろうか…」などと、「うちの子」にばかりに目が向かう参観では、保護者にとってももったいないと思います。授業は、子どもにとってのみならず、大人にとっても知的好奇心をかきたてられる時間だと思うからです。

「普段よりも少し凝った教材をつくり、子どもたちが楽しく学習する」「なるべく1人1回は発言できる機会をつくって、我が子の発言する姿を保護者に見せる」授業参観も悪いとは思いませんが、私はもっと保護者が能動的になれるような参観にしたい、我が子の授業を参観する時間ではなく、子どもたちの学習に参画する時間にしたい。それが私の考える授業参観のイメージです。

子どもたちは、保護者の学習参加によって、普段の授業では得られない学びを得る。保護者もまた、家庭生活では得られない学びを得る。そして、さらに、そんな授業をデザインすることを通して、担任である私自身も新たな学びを得る。まさに「三方良し」。子ども、保護者、教師の三者にとって、すばらしい学びの可能性がそこにあるように思うのです。

少なくとも、子どもを挟んで教師と保護者が対峙するような関係性よりもはるかによいと思います。そのような関係では、（本来であれば）保護者と教師が共に育むべき子どもが、両者の対立軸ともなりかねませんから。

まずは「学級だより」で布石を打つ

授業参観に当たっては、事前に次のような「学級だより」を事前に配布します。

「32人の子どもたちを32家庭の保護者の皆様で見守っていただく3時間としたいと思います。どうかご協力をお願いします」

「多くの保護者の方が教室の中でご覧いただけるように、入口で立ち止まらず、奥までお進みください。教室の後だけでなく側方・前方まで来てくださってかまいません」

「私が子どもたちに自分の考えをワークシートに書くよう促したら、お子様だけでなく、ほかの子どもたちが何を書いているかを見てあげてください」

さらに、当日の時間割と単元名、時数、主な学習活動についても、事前に伝えてしまいます。

「算数『あわせていくつ　ふえるといくつ』（2／6）増加（ふえるといくつ）の場合の足し算について、絵を見て立式したり、増加の場面の絵を描いたりしながら学習します」

「ノートに練習をする場面では、保護者の皆様に丸つけをお願いしたいと思います。子どもたちがノートと赤鉛筆をもって、いろいろな方に丸つけのお願いに行きます」

保護者にどのような学習参加をお願いするのかについてもつけ加えます。

このようなお知らせを読んで、お気づきになったでしょうか？　このようなレギュレーションは、公開授業の案内と同じなのです。

授業参観であれば、保護者は教室の後ろのみに固まりますが、公開授業であれば、前面の黒板の両脇、あるいは外廊下など、参観者が教室をぐるっと取り囲みます。机間巡視のとき保護者は教室の後ろから見守るだけですが、公開授業であれば子どもたちの近くに寄っていって書いていることなどを覗き込みます。

このように、我が子のみを参観するような一対一の関係だけでなく、より多くの子どもたちとかかわれるような多対多の関係をつくります。すると、我が子だけではない子どもたちの様子、すなわち私の学級の様子を見てもらえるようになるのです。

授業参観当日の保護者の学習参加

学習参加を実現する授業の具体的な方法を、３つに分けて紹介します。

1　子どもの発表の聞き手・コメンテーターになってもらう

子どもたちの発表を聞いてもらうだけではなく、コメンテーターとして感想を述べてもらいます。すると、「いつ私が発言を求められるか？」という期待と緊張感をもって授業に臨んでくれます。我が子以外の子どもの発表にも真剣に耳を傾けるようになるし、何より能動的な参加者の1人になってくれます。

ほかにも、たとえば総合的な学習の時間で「地域の祭りに人を集めよう」に取り組んでいる子どもたちに対してであれば、「すごいね」と褒めてもらうだけではなく、大人の目で「そのやり方で本当に人を呼べる？」といったシビアな意見を言ってもらうこともできます。そうすれば、探究活動の質が一段階ギアチェンジするきっかけともなるでしょう。

2 丸つけをお願いする

算数科の問題演習の場面、「さぁ、保護者のみなさんに丸つけをしてもらいましょう」と指示し、子どもを保護者のもとへ動かします。すると、ノートと赤鉛筆をもった子どもは、一斉に自分の保護者のところへ駆け寄ります。しかし、自分の両親や同じ人に丸つけをしてもらうのは1回まで。両親以外の人であっても1回まで。同じ人に丸つけをお願いしてはいけないルールにします。

「2回目は、ほかの人に丸つけをお願いしましょう」と言って、いろいろな保護者のところへ行かせるようにします。

保護者のなかには、工夫して丸を書いてくれたり、一言添えたりしてくれる方もいます。私はそれらをめざとく見つけ、ほかの保護者を煽ります。

「えー　Aさんのおうちの人は、花丸に顔も書いてくれたんだ！」

「Bさんのおうちの人は、サインもしてくれたよ、うれしいね！」

大きめの声で驚いてみせると、他の保護者も競い合うようにして様々な工夫をはじめます。お客様ではない学習者としての保護者と一体となった楽しい問題演習の時間となります。

3　グループなどの協働的な学習に入ってもらう

国語科や算数科の単元末、グループで発展的な問題に挑戦するようなときに、保護者に支援を求めることもあります。

高学年の道徳の実践であれば、1人の社会人として、子どもたちと率直に語り合ってもらいます。すると、子どもたちの本気スイッチが入ります。普段は教師の考えに調子を合わせるような子が、真剣に自分の考えを表明し、それを聞いた保護者がその考えの素晴らしさに驚いた、という話を聞いたことがあります。

さて、保護者はこのような授業参観をどのように受け止めているのでしょうか。

アンケートには、次のような感想が寄せられました。

[Aさん] 保護者がただ見ているだけではなく、参加型なのもよかったです。娘のノートを見たら、絵やコメントなどいろいろな丸つけがしてあり、娘も喜んでいました。

[Bさん] 算数の丸つけはとても楽しかったし、お友達の顔がわかってよかったです。

[Cさん] ただ保護者がぼーっと見ているだけではなく一部参加していくなど、動きもあってよかったですし、来校できない保護者さんがいても、他の保護者とかかわることで大丈夫で、とても楽しい授業でした。

[Dさん] クラスメイトの子どもたちも、できたノートを見せにきてくれたおかげで、普段息子が話してくれる友達の顔を見る機会ももてました。

[Eさん] 子ども一人一人に発言する機会が与えられ、それをグループでまとめて発表するという国語の授業は、親も一緒に加わり参加できて、たいへん楽しく、子どもたちがみんな笑顔で充実して課題に取り組んでいました。

[Fさん] 保護者参加の授業は私も初めてでしたが、こんなに楽しい学校公開は今までなかったです。次回の学校公開も楽しみにしています。

（松）

教師の味方を増やす保護者会

私は保護者会が好きです。保護者とつながるチャンスだからです。私はこれまで30回近く保護者会を行ってきましたが、まさに笑いあり、涙あり。

しかし、最初から好きだったわけではありません。迂闊な発言をすれば叩かれる、ネットではモンペなどと揶揄されるモンスター・ペアレンツに当たったらどうしよう…そんなふうにネガティブにとらえていたこともありました。

しかし、回数を重ねて段々と要領を掴んでいくうちに、「もしかして、保護者会って、私たち教師にとって絶好のチャンス？」と考えるようになりました。会のもち方ひとつで、子どもたちの充実した学校生活を築く強力な味方になってくれるからです。

そのためには、保護者にとって価値ある時間だと思ってもらえるようにすることです。それが巡り巡って教師の仕事に恩恵をもたらします。「はじめに保護者ありき」。

そこで、ここではまず自分が失敗したなぁ、と思った保護者会の「何がだめだったのか」を紹介した上で、どのように保護者会のもち方を変えてきたのかを紹介します。

「私たち、何のために参加したんだろうね」と保護者に思わせてしまう保護者会

1　教師が資料を読み上げるだけの保護者会

初任のころ、右も左もよくわからなかった私は、保護者会は単なる情報交換会だと考えていました。あらかじめ用意した資料を読み上げるだけ。読んでいる間はうつむいていますから、どんな保護者が参加されているか顔さえ見ることもしません。

資料は保護者にみな配布しているわけですから、「読めばわかるじゃん！」という保護者会です。しかも、すべて読み上げたら「何か質問はありますか？」などと、とってつけた質疑応答を行って終わりです。

読みあげるだけの資料なら、子どもに持ち帰らせればよいのです。わざわざ保護者会を開く必要はありません。保護者にしてみれば、（当然のことながら）「私たち、何のために参加したんだろうね」という話になります。

今となっては赤面するばかりですが、当時は大まじめに読みあげていました。

2 何か一言を全員が発表

さすがに、これではまずいなぁ、と思った私は、保護者に一言ずつ発表してもらう保護者会に切り替えました。しかし、発言したいことがある保護者であればよいですが、話すことに慣れていない方はしどろもどろ。あるいは、教師が話を切るまで延々と話し続ける保護者もいます。周囲の保護者は「あと、どれくらいで終わるのだろう」と時間ばかり気にしてしまう。

これでもだめだと思った私は、ようやく保護者会をもつ意味について考えるようになったのです。

「はじめに保護者ありき」の保護者会

1　当日どんなことをするのかを事前に知らせる

日ごろ学校にくる機会がない保護者は、学校に来て自分の子どもの担任と顔を合わせるだけでもハードルが上がります。そこで、「学級だより」を活用し、次回の保護者会はどのような会にするのか、その目的と意図を事前に知らせます。

さらに、「魅力ある保護者会にしたいと思います」と宣言して、「当日はワークショップを行います」と追記します。具体的には、次のように伝えます。

今回の保護者会では、みなさまがもっとも興味のあった「お小遣いについて」意見を交流する予定です。ご家庭ではどのようにお小遣いの約束があるのか、よりよい約束は？　ワークショップ形式で行います。みなさまのご参加をお待ちしています。

これだけでも保護者会への出席率がぐんと上がります。

2　保護者のニーズを把握する

保護者会の出欠を取る前にメモ用紙を配り、自分が知りたいこと、聞いてみたいことを書いてもらうようにします。文章にする必要はありません。箇条書きでOKです。これだけでも、およその保護者のニーズを掴むことができます。書いてもらったことは、学級づくりのために有効だと思うコメントをチョイスし、匿名で紹介して、自分の考えを伝えたり、保護者に意見をもらったりするようにします。

3 写真やノートを使って、子どもたちの活動を見える化する

授業の様子や学校生活など、教師がただ話をするだけでは、保護者にイメージを掴んでもらうことがむずかしいようです。そこで、私はプレゼンソフトを使って、授業の様子、子どもたちの活動や表情をスライドを使って見てもらっています（伝え聞いた話ですが、特別活動の元教科調査官が、子どもたちが活動する写真のスライドに音楽をつけて見せたところ、観覧者は潤んだ目で画面に釘づけになったそうです）。

スライドの作成に当たっては、日ごろから普段の授業を撮影しておきます。できれば自分の授業を見てくれている他の学級の先生に撮影してもらうと、より臨場感が生まれます。次に、自分の伝えたい内容を説明するのにぴったりな写真をピックアップしてスライドにまとめます。子どもたちの書いたノートやワークシートの内容も撮ってスライドに混ぜておくと、さらに説得力が増します。

私の場合、「あ！大事なことを言い忘れた！」という失敗談に事欠きません。しかし、

スライド自体が保護者会の進行表となっているので、言い忘れがなくなります。

4 ワークショップ型

保護者同士をつなげられるのも保護者会のよさです。

私が実際に行ったワークショップで一番盛り上がったテーマは、「今の子どもと、私が子どものとき」。付箋に今の子どもと子どものころの自分の特徴を書き出してもらい、ベン図を使って分類・整理する活動でした（まさに子どもたちの学習活動と同じ）。

私たちは、大人になるとつい「最近の子どもは…」と口にしてしまいます。それが、実際にグループで話し合ってもらうと、あまり根拠のない思い込みやレッテルにすぎないことに気づいてくれるのです。

「比べてみると、今も昔もそんなに変わらないわね。あまりガミガミ言うの、気をつけないと…」そんな発言をされた保護者もいました。

＊

保護者と教師がつながり、保護者同士がつながれば、教育という営みはさらに充実するように思います。そのチャンスが保護者会にはあると思うのです。会の充実を目指すことが、教師である自分のワクワクになれたら、保護者にとってもきっと価値ある保護者会になるでしょう。

（相）

第4章

仲間と学び合い授業を磨く

同じ思いを共有できる同僚性が、よりよい学校文化の土台

「教室の事実」こそ、自分の授業力の証明

この考え方は、本書の共著者である相馬さんとの合言葉であり、私たちの信念・哲学です。仲間との自主的な授業研究を進めていくうちに、自然と生まれた言葉でした。**教室での子どもたちの姿、子どもたち同士のやりとり、教師とのやりとり、教室で起きる出来事、教室のムード…こうした「教室の事実」こそが、私たち教師の今現在の授業力を映す鏡**だと思うのです。

だから私は、「その鏡にはいったいどんな風景が映っているのか」を出発点として、同僚の先生方と語り合い、改善策を考え、次の実践へと向かっていくことに腐心しています。とても地道で、気が遠くなるような道程ですが、これ以外に、自分の授業力を引き上げる道はないだろうと思うのです。

しかし、その一方で、こうした考え方によらない授業というものもあります。「教室の事実」を出発点とするのではなく、「授業はこうあるべき」という自分の考える「べき」を先行してしまう授業です。そこでは、子どもの姿も教師とのやりとりも教室のムードも、すべて後づけになります。教師としての自分の考えに、周囲の環境のほうを嵌《は》め込もうとしてしまうからです。

初任のころの出会いが、私の教師としてのベースをつくった

初任のときの指導教員（当時の学年主任）は、本当に素晴らしい方でした。教科等への造詣が深く、授業力や学級経営力にも優れていたので、学級の子どもたちは明るく穏やかで学力も高かった。当然のことながら、保護者からの信頼も絶大でした。

私は、とても幸運だったと思います。ほぼ毎週のように、その先生に授業を見てもらい、指導を受けることができましたから。指示や発問、板書の仕方といった基本的な授業スキルをはじめとして、教科等の本質にかかわる考え方も教わりました。

今も大切に保管しているコメント・シートがあります。その先生が書いてくれたシートです。改めて読み返してみると、書かれていたことの7割が「よかった点」、3割が「改善点」でした。今思うと驚くべきことだと思います。まだ何一つ満足にできない初任の私のよさを必死で見つけようとしてくれていたのです。

当時、私は、そのシートを読み返しては、自信が生まれ、やる気が高まり、努力し続けることができました。おそらく、その先生にとって私は、言わば受けもちの子どものようなものだったのでしょう。そこには、私という新米教師の「教室の事実」があったのだと思います。

授業を見合う

「授業を見合う」大切さは、どの先生も感じていらっしゃるでしょう。しかし、それがなかなかできない。研究授業や研究大会などを除けば、他の教師の授業を見る機会はなかなかないように思います。しかし、自分の授業力に自信をもてなかった私たちは、他の先生の授業を日常的に見たいし、見てもらいたかった。そういう思いで若手の仲間同士で授業を見合う機会をつくっていきました。

「学校全体で」「学年団で」などと鯱張《しゃちほこば》らなくてよいのだと思います。気が合う同僚と、ちょっとした空き時間を活用して見合う、そういう仕方でよいと思っています。

私たちは図画工作科や音楽科（高学年であれば家庭科）といった専科の時間を利用して、ほかの学級の授業を見に行っていました。また、地域によって事情は異なるかと思いますが、講師の受けもちの時間（私の学校では「図書」の時間）や、テストを行っている間の15分ほどの短い時間なども使っていました。いずれにしても、何か特別なことをして、「空き時間」を生み出していたわけではありません。

もちろん、管理職の先生や教務主任の先生などの理解と協力を取りつける必要はあると思います。真摯に相談すれば、受けとめてもらえるはず。「自分の授業力を高めたい！」という気持ちを否定する管理職の先生はいらっしゃらないと思います。

教師である以上、授業で勝負したい

登校時間は、8時15分。45分間の授業が6コマ。下校時間が15時30分だとすると、学校生活の62％が授業時間に当たります。

外遊びのできる休み時間であれば、お昼休み25分に行間休みの20分を加えても、全体に占める割合はわずか10％。残りの時間は、朝の会、帰りの会、給食や清掃、トイレや移動です。

「休み時間に子どもたちとたっぷりと遊ぶ！」ことも、もちろん大切です。しかし、子どもたちの学校生活の62％が授業時間なのです。その授業で輝けなかったら、もしちっとも楽しくなかったら、子どもたちにとって学校は、苦痛で煮詰めた鍋になります。やはり授業こそ勝負すべき場であり、そのために授業を見合いたいと思うのです。

仲間の先生の「教室の事実」は授業力向上の試金石

かつて、小学校の悪しき風習の一つとして「学級王国」があげられました。今もそうした風土が残っている学級もあります。教室はドアと壁に覆われ、他の先生の教室は「ちょっと、失礼」と気軽に入れる場所ではありません。

そこで、私たちは、お互いに声をかけ合って、互いの教室に足を運びました。

「今日の○時間目、見に行ってもいいですか？」と、前日に声をかけることもあれば、その日の朝に伝えることもあれば、何も言わずに行くこともあります。そこは人間関係ですから、仲間との良好な関係が築けていれば（授業に対する思いを同じくする者同士であれば）できることです。

突然の教室訪問、その先生は特定の子を指導している最中かもしれません。あるいは、隙間時間を使って連絡帳を書いているときかもしれません。いずれもその先生の日常の姿です。その姿を垣間見る（逆に自分が垣間見られる）ことは、自分の指導を振り返る本当によい機会となります。

子どもや保護者のせいにしたい気持ちをぐっと呑み込む

放課後、職員室に戻ると、何人かの先生方が話をしています。

「またあの子がね…」

「だからあの親は…」

なかには、こんなことをおっしゃる方もいます。

「いいわよね、あなたの学級には大変な子がいなくて」

公立校ですから、学級には本当にいろいろな子どもたちがいます。その子たちが、自分の個性のどんな側面をどんなふうに発露するかによって、教師の目から見たときにどのような子どもにもなるように思うのです。

もし、大変な子がいるのだとしたら、私たち教師が「大変にしてしまった子」なんじゃないか。そうであるならば、隠したり言い訳したりするのではなく、むしろその子と自分のかかわりを同僚に見てもらって、よりよい方法を共に考えていきたいと思います。

教師も人間ですから、たまには愚痴の一つもこぼしたくなります。私だって、そうです。しかし、そうしてばかりでは、自分にとって弊害のほうが大きくなるような気がします。言霊じゃないですが、何度も口にしてしまった悪い言葉は、いずれその人の現実をつくってしまうと思うのです。

やがて信念・哲学を共有できる仲間の輪は広がっていく

相馬さんとは約2年間、互いの空き時間などを活用して、ほぼ毎週のように普段の授業を見合ってきました。放課後には、授業を見て感じたことをA4・1枚程度にまとめて渡したり、そのメモを基に議論したりしました。この2年に及ぶやりとりによって、自分なりの授業力の土台が固まり、広がり、高まっていったと思います。

私の異動が決まった年、仲間は2人から10人近くにまで増えていました。そのころになると、「授業を見合う」ことが特別なことではない雰囲気です。その間、朝の7時15分から30分まで**朝活「教育のトレンド学習会」を校内で立ち上げ、2月から3月までに全14回実施**。中教審への諮問内容をはじめとして、アクティブ・ラーニングや思考ツールといった当時の教育のトレンドを取り上げ、10名前後の先生方と語り合いました。

授業でつながり合う同僚性は、自分の成果を奔放に語れたり、自分の課題を率直に打ち明けたりできる関係性です。こうした関係性を築ければ、よりよい学級をつくる足がかりとなるし、ひいては、よりよい学校の文化をつくっていけるのだと私たちは思うのです。

（松）

02

授業を見せ合い、語り合うプロセス

これからの授業においては、これまで以上にPDCAのサイクルが求められると言われています。新学習指導要領改訂の方向を示す中教審「答申」においても、カリキュラム・マネジメントの3つの側面の2番目で、この「PDCA」の必要性を提起しています。

②教育内容の質の向上に向けて、子供たちの姿や地域の現状等に関する調査や各種データ等に基づき、教育課程を編成し、実施し、評価して改善を図る一連のPDCAサイクルを確立すること。

こうしたことからも、PDCAの大切さは理解できるのですが、私たち教師の日々の授業を振り返るとP→Dで終わってしまうことがほとんどであるような気がします。私自身、PDから、さらにCAにつなげることはなかなかできません。そんな私は、「できることをやろう」と割り切って、C→Aの部分に重きを置いてみることにしました。目的は、教師としてよりよい授業ができるようになること、その一点です。

そこで、放課後、本書の共著者である松村さんとたびたび授業について語り合いました。語らう材料は、A4・1枚のレポート（授業感想）です。時間にして15分程度と決めていましたが、ついつい、盛り上がってしまって1時間以上も話し込んでしまうこともありました。

松村さんと授業を見合うようになった1年目のテーマは「得意を見せ合う」(国語科と生活科)、2年目は「苦手を見せ合う」でした。2年目の教科は算数科です。授業をどう改善すればよいのか試行錯誤し合いました。

そんな松村さんとのやりとりを思い返すたびに、私はつくづく「教師同士で語り合うプロセス」って大切だなと感じています。

以下、松村さんとやりとりしたレポートを紹介します。

A4・1枚のレポートで語り合う

平成26年11月4日㈫　授業者：松村／参観者・レポート作成者：相馬

○とにかく授業のテンポがよく、時間が過ぎるのが早く感じました。子どももそのリズムにしっかりと乗れていることがまた素晴らしかったです。
○ノートの取り方がとにかくそろっている。ちょっとの声かけで全員が同じようにノートを取れていることに一番ビビりました。そろっているから、子どもたちが理解深化のところでノートを見直せていました。先生から提示された型にしたがって次の問題が解ける。これが意味のあるノートだと思いました。

○Aさんは、先生が2問残してくれた黒板と、自分のとなりのページを確認しながら③まで書けていました。Bくんが先生から丸をもらったときの笑顔が最高！

○「10から9をとるということがやりやすいように10を後ろへ」引く場面はとてもわかりやすかったです。その後の④に入るときに、数字が離れるので、④にむずかしさを感じたのかもしれません。

○授業を参観して、子どもたちの様子から④が理解に苦しむところだったとわかりました。引き算の勉強をやっているのに、途中で足し算が出てくる。説明しても今はわからない、悩みが深まるところだと感じたので先へ進み、ある程度理解が深まった段階で、考えられたらいいですよね。減々法を学習するところで、これまでとの違いを明確にしてみるのも面白そうな。

○予習からの理解度　「予習」という言葉自体が、子どもにはまだ理解するのがむずかしいようでしたが、その意味は理解できていたと思います。もっと、最初のマグネット（理解度を自分で判断する）が上にあるかと思いましたが、思いのほか、子どもたちは自分がわかっていないことがわかっているのだなと思いました。授業後に全体の理解度が明確にわかるのは、自己肯定感や1時間での達成感が全員で共有できる気がしました。高学年でもやってみます！

平成27年1月28日㈬　授業者：相馬／参観者・レポート作成者：松村

久しぶりの授業研でしたが、やっぱり授業を見合わないとだめですね…。

○予習、共書きはよく定着していると思いました。

○予習の段階で「わけ」「説明」に言及している子が多く、前時の終わりに本時のめあてを示したのかな？と思ったら、教科書の「★2」がそういう問題だったんですね。そこからの思いつきですが、どうせ予習するなら、相馬さんの学級は高学年なので前時の終わりにめあてを示しておくか、もしくは学習計画に入れ込んでおくと、予習の質が上がるかもしれません。

○それにしても予習の感想が「書き方はわかったけど、説明できない」というのが多く、本時の目標に既に向かっているのがよくわかかります。積み重ね、大事！　わからないこと、できないことを素直にできる雰囲気、大事！

○「★2」をやるときに戸惑った子たちが、「ゆみを見ればいいのかな？」とつぶやいていました。教科書を使うことが定着していることがよくわかります。それでも手が止まってしまう…やはりそこで「…」をいくら考えさせても時間の無駄なのだと思います。

・上位のクラスにしては、少しテンポが遅いと感じました。待っている子も結構いたので、読む、指で押さえる、書く、できたら立つ、持ってくるなどの作業をポンポンと入れて、授業の前半で「★2」までいきたかったですね！

・でも、今日は教師の説明は少なかったと思います。テンポの問題だと思います。作図が苦手な子とかを待っていてあげたのだと思いますが…。

・今日のめあては、「半径を用いると、なぜ正六角形が書けるのか」ということでした。

・既習は①正n角形の定義、②正n角形の書き方ということでした。

・ゆみの考え方は②です。たくみの考え方は①です。

・②の考え方で書いたときに、正n角形は理論上どれでも書けるわけですが、そのときに生まれる三角形は二等辺三角形になっていて、その特殊な形である正三角形になるのは、円の円周をn等分し、隣り合う点を結んだ線分の長さが等しくなるとき＝正三角形になるとき、ということです。

・そんなことをやっていたら、5年生ではわからないので、ゆみとたくみのようになっているのだと思うのですが、どちらもぼんやりとした説明なので、やっぱりさらっと進んでしまって、説明と図を色で対応させるなどしたら、「★3」に進めばよかったなと。

授業中、私もたいへん頭を動かしました。勉強になりました！

「Aちゃんがついに発言できるようになった」「全員が自分の考えを書くことができた」など、授業でうまくいったことがあると、私たちはよくお互いに自慢し合いました。子どもたちが書いた答案用紙をコピーして松村さんの机の上に置いたこともあります。「Cくんがはじめて満点を取った。どうだ、すごいでしょ！」というメモつきで。

自分の学級の子どもたちの「すごい！」を自慢し合える体験は、私のモチベーションを否応なく引っ張り上げました。それまでは、一人で悩み、一人で喜んでいたのですが、こんな嬉しい体験を知ってしまった以上、もはやそのころには戻れません。

教師も人間です。子どもと同じように、自分ががんばっていることを褒めてもらいたいのです。**学び合える、認め合える、そして自慢し合える関係性が、日々の授業をがんばろうと思える心の張り**となります。

学習過程の指導上の工夫などについても伝え合います。

松村さんに指摘してもらったことは、１つでも改善して次の授業に臨むようにしました。少しずつではありますが、毎時間の授業の質が上がっていく手応えを感じられるようになりました。C↓Aのサイクルを徹底したことが功を奏したのだと思います。

語り合うプロセスが、授業者の授業を磨く

今年度は、2年目の先生と学年を組んでいます。私は専科の時間があると、2年目の先生の授業をよく観に行くようにしています。逆のパターンもあります。授業を参観した後には、かつて松村さんとよくそうしていたように、A4・1枚に授業の感想を書いています。

今では、毎週金曜日の放課後、（短い時間でもいいので）授業のことについて話し合う時間を設けています。授業で困っていることや次の単元をどう進めるかなどテーマはそのときに決めています。

そんなやりとりを続けていたところ、あるとき、2年目のその先生が国語の物語文の導入の仕方を大きく変えました。これまでは、初発の感想をノートに書かせていたのですが、それをやめて、場面ごとの感想を付箋に書く活動を変えたのです。

場面ごとに付箋に書いた感想をグループで交流したようです。大きなホワイトボードを4分割し、4場面について意見を交流する手法です。

すると、それまでの授業では書くことが全くできなかったAくんが、配られた付箋だけでは書き足らなくなって、その先生のもとに付箋をもらいに来たそうです。その後、

子どもたちが感想を述べ合う交流の場がどれだけ盛り上がったのか、想像にかたくありません。

「この子はできない」と決めてしまうのは簡単です。子どものせいにしてしまえば楽ですよね。教師である自分を変える必要はないのですから。しかし、この2年目の先生は「自分の指導を変えれば子どもが変わる」と信じて、自分のこれまでの指導法を思い切って変えたのです。そんな話を聞かせてもらった私は、とっても嬉しくなりました。

自分を変えるには勇気が必要です。その勇気は、自分一人だけでは絞り出せないかもしれない。しかし、嬉しいことも厳しいことも共に語り合える仲間がいさえすれば、私たちはなんとか教師をやっていけるのだと、心から思うのです。

（相）

03

得意を見せ合い、課題を共有する

学習到達率100％の衝撃

私は小学生のころ、国語が大嫌いでした。授業を受けていても、ちっとも楽しくなかったし、自分ができるようになる気が全くしませんでした。

人生とは皮肉なものです。大人になった私は教師になり、大嫌いだったはずの国語科を専門教科に選び、子どもたちに向かって授業を行うことになります。

教師になって3年目、ふとあることに気づいて私は愕然とします。要するに、私の国語は「どうしようもなくつまらない」授業だったのです。「先生の通信簿」（子どもアンケート）で明らかになったことです。

子どもの多くが「国語の授業が楽しくない」と回答していました。よりにもよって、私はかつて自分が受けていた国語の授業とそっくり同じこと、を、やっていたのです。経験とは恐ろしいものです。

「さすがにこれはまずい」と思った私は、区、都の国語の研究会に所属し、区内だけでなく他区の研究発表会や勉強会にも参加するようになりました。研究授業のチャンスがあれば自分から名乗りをあげ、学んだことをもとに自分の授業を変えようとしていました。そのおかげで、少しずつ自分の授業にも自信をもてるようになりました。

それからしばらくして、私に転機が訪れます。松村さんとの出会いです。教師になって9年経ったころでした。異動先の学校に彼はいました。

私は、あまり人に対して興味をもちません。嫌いなわけではないのですが、（教師という職業を選んでおいて何なのですが）どちらかというと淡泊なのです。それが、珍しく松村さんに反応したのには理由があります。

あるとき、区内の学習定着度調査の学級別一覧に、到達率100％の学級があることに私は気がつきました（到達率とは、学級の児童が区の定める基準をどの程度達成できたかを示す割合）。それが松村さんの学級だったのです。

私は非常に驚きました。学級の子ども全員が区の基準を超えることがどれだけ困難なことか、区内の教師であれば誰もが知っています。数値を目にしても、「そんなことって、本当にあるんだろうか」と半信半疑だったのですが、それだけに到達率100％の秘密が知りたくて仕方ありませんでした。

私は校長のもとに行き、「松村先生は、どんな先生なのですか」と尋ねてみました。すると、まだ2年目の教師であること、生活科を中心に研究していることを教えてくれました。「それだけの若さで、なぜ到達率100％になったのかが知りたいのですが…」と率直に伝えたところ、校長は言いました。

「それを知りたいなら、一度授業を見に行くといい」

教師同士で得意を見せ合う

1 同じ職場に勤めていても、指導はこれだけ違う

私が松村さんの授業を見に行ったことをきっかけとして、お互いの授業を見合うようになりました。私は国語科、松村さんは生活科です。せっかく見てもらうのだから、「お互いが得意とする教科にしよう」と決めました。

授業を見合うまでの私は、どちらかといえば教師主導の授業を行っていました。しっかり指示を出せば、与えられた課題に子どもは真剣に取り組むし、勉強ができる喜び、学ぶ楽しさを味わうことができると考えていました。重要なことは指導の仕方であり、「要は教師の工夫次第」そんな考え方です。それが悪いとは思っていなかったし、実際に成果も出ていたので、自分の指導を疑うことはありませんでした。

しかし、松村さんの授業は、私のそれとは全く違うものでした。彼は、とりわけ子どもも自身のもっている思いを大切にします。いかに思いを引き出すか、引き出した思いをもとにして、いかに授業を組み立てていくかに腐心していました。当時の私には思いもよらぬことであり、衝撃的でさえあったのです。

2 教師同士で得意を見せ合う効用

1つめは、深く学べることです。1人だと学べる範囲は自分の経験に限られますが、2人だとそれが飛躍的に広がります。お互いの授業を通してダイジェスト的に日々学ぶことができます。

2つめは、指導の課題解決の糸口を見つけやすいことです。総合的な学習の時間では松村さんのアドバイスが効きましたし、国語科であれば私なりにアドバイスしました。ほかにも、教科の違い（私が国語科、松村さんが生活科）、学年の違い（当時、私が4年、松村さんが2年）があることで、お互いの授業を見合う視点も多面的・多角的になりました。お互いの違いが指導の幅を広げてくれるのです。

それまでの私は、高学年を担任することが多く、低学年を担任したことは一度もなかったため、生活科の授業を行ったことがありません。それが、松村さんの低学年の授業を見ることで、低学年の学びがどのように高学年に生きてくるのかをイメージできるようになりました。こうしたやりとりは、2人の関係のみならず、やがて学校全体を巻き込んだ学び合う環境づくりにつながっていきます。

課題を共有する

「大造じいさんとがん」の授業、あらすじをとらえさせるために、私は「時」「場所」

「出来事」などいくつかの視点に沿って、グループで表にまとめるよう指示しました。その際、私が何とかしたかったのが、読むことが苦手な子どもの主体性です。グループ活動に主体的に参加できるようにしたかったのです。

読むことに困難があると、たとえ一生懸命課題に取り組んでいても、①本文を読む、②話し合っているページの内容を理解する、③教師の指示した視点に沿って書き抜くことが満足にできません。教師が個別に支援しても限界があります。

授業を見てくれていた松村さんも、私の課題に気づいていました。いったいどうすれば「どのグループのどの子どもも学習に主体的になれるのか」授業後に私たちは「ああだ、こうだ」と話し合いました。

話をしているうちに、ある1つのアイデアが生まれました。思いつきに近いレベルですが、「やってみて損はないんじゃないか」と。

それは、1つのグループにつき、1冊の教科書にするということです。グループのみんなで顔を寄せ合うようにして1冊の教科書の同じページを読むのです。

早速、次時で試してみたところ、いくつかの気づきがありました。そのうちの1つは、グループの子どもたち全員の視線が同じところに向けられたことです。そして、ある子がページを指差しながら「この場面の『時』なんだけど、どこかな？」と問いはじめました。読むことが得意だとか苦手だとか関係なく、みなが1つのことに集中して考えているようでした。

次は、読むことが苦手なAくんが書いてくれた振り返りです。

みんなが優しかったから、たくさん自分の意見を言うことができました。今日の授業は楽しかったです。またやりたいです。

Aくん以外の子どもも、グループで考えることの楽しさを感じたようでした。

今までの国語より時間が短く感じた。好きになりそうです。班で話すから。

ちょっとしたアイデアです。授業を根本から劇的に変えるようなものでは、もちろんありません。しかしそれでも、子どもの意識、授業の目先がほんの少し広がることがあるんだなと思った出来事でした。私にとっては、新鮮な驚きがありました。

しかし、そんな思いつきも、もし1人で考え込んでいたのでは、きっと思い浮かばなかったと思います。私はこのとき、仲間と得意を見せ合い、課題を共有して「ああだ、こうだ」と議論することの本当の意味と価値を知ったのです。

（相）

04

仲間の授業は、自分を鍛える最高の場

以前の私は、自分の学級の子どもたちで手一杯でした。とてもほかの学級の子どもたちに目を向ける余裕などありません。そもそも目を向けてみようという発想さえありませんでした。学年主任や教務主任の先生方といったミドル・リーダーならいざ知らず、多くの担任教師は当時の私とそれほど変わらないだろうと思います。

しかし、ある時期から同僚の先生方とお互いの授業を見合うようになったことで、他の学級の子どもたちと接する機会をもつようになりました。その結果、思いもしなかった気づきが、私のなかにたくさん生まれたのです。自分の学級の子どもたちを含め、子どもの育ちそのものに対する見る目が変わる出来事の連続でした。

学級への帰属意識があるからこそ、外からきた人の評価が子どもの心にフックをかける

松村さんとお互いの授業を見合いはじめて数か月経ったころ、私の学級の子どもがふいに声をかけてきました。

「今日も、松村先生来るの？」

「うーん、今日は来ないけど、どうして？」

「そっか、今日の国語は自信あったのにな…」

彼はそうつぶやいて、友達のもとに戻って行きました。

どうやら、たびたび私の学級を参観しに来る松村さんに、自分のがんばりを見てほしかったのです。

子どもは自分に興味をもってくれる人が大好きです。普段はあまり自分のことを話したがらない子も、心の内では「自分を認めてほしい」という気持ちを隠しもっています。

国語科のテストではじめて満点を取った子が、答案用紙を握りしめて私にこんなことを言ってくれたこともあります。

「松村先生にも教えてあげてよ」

私は心がほっこりして、早速松村さんに伝えました。すると、次の日、声をかけてくれたようで、その子は大喜びです。

算数科で実践している少人数指導でお世話になっている先生も、子どものがんばりを認め、褒めてくれます。

「今日は、四角形の求め方をみんなの前で説明できていましたよ」授業が終わると、わざわざ私の教室まで来て伝えてくれるのです。その言葉を耳にした子どもたちは満面の笑み。子どもは知りたがり屋だから、耳がダンボになります。

私自身も同じです。他の学級の授業を参観する際には、子どものがんばりを見つけては付箋にメモし、授業後にひと声かけて、その子にそっと手渡します。すると、はにかむような、自分の学級の子どもが喜ぶ姿とは、ちょっと違った姿を見せてくれます。

このように、担任以外の先生に褒めてもらえる出来事は、子どもたちに喜びと自信を与えることを私は知りました。親に直接褒められるよりも、地域のお兄さんやお姉さんに褒められるほうが嬉しいのと似ている気がします。

私の授業の見方

私が他の学級を参観をするときには、まず学級全体の雰囲気を感じ取り、学級の状況を把握するように努めます。その後、個別に見ていきます。積極的な姿勢で学習に臨んでいる子の脇につくこともあれば、課題を抱えている子の脇につくこともあります。その授業で何を見たいかによって、そのつど決めています。

ときには、授業中ずっと特定の子にべったりと張りつくこともあります。その子の抱えている課題を強く知りたいと思うようなときです。このとき、私は授業者の言葉と、それに対応する子どものつぶやき、動作、（外からわかる範囲での）思考などを詳しく記録します。たとえば、次のような記録です。

①教師の指示あり。

②指示に対して全く反応していない。
③周りの子をキョロキョロ見回し、友達の真似をして活動をはじめる。
④「どうすればいいの？」と聞く。
⑤となりの子が詳しく教えてくれる。
⑥「ありがとう」
⑦わからないことがある様子。
⑧「どうしたの？」隣の子が気にかけ声をかける。
⑨「これわからない」
⑩教えてもらう。

後になってメモを読み返すと、その子の実像が見えてきます。

○指示を聞くのがむずかしいため、もっと言葉を短くして伝える必要があるかもしれない。
○この子に目を合わせる。
○全体への指示を出したあとに個別の対応が必要、理解の確認、活動がはじまるまで見守ることもあってよい。
○わからないことがあった場合は自分から声をかけることができている。援助要請力あり。

○必要であれば、教師にも声をかけられるようにまでなっているか。
○友達を気にかける優しさは褒める。
○諦めずに最後までやろうと努力している。

ひと口に勉強が苦手と言っても、彼らが抱えている課題は様々です。そうした課題が、同僚の先生の指導を通して見えてきます。こうした見取りは、自分の授業を行いながらでは本当にむずかしい。授業を見ることに集中できるからこそできるのだと思います。このような努力を積み重ねていくうちに、次第に子どもを見る目が変わり、やがて授業を見る目を鍛え上げていきます。その目は、授業をどのようにつくっていけばよいか、自分の授業改善の視点を与えてくれるのです。

自分の学級をよくする、自分の授業をよくすることが目的です。この点については、胸を張って断言できます。「必ずよくなる」と。

教師である自分を鍛える最高の場

どの学級にも課題をもつ子どもはいます。担任はその課題解決に向けて努力を厭《いと》いませんが、担任のかかわりだけでは解決まで辿り着けないことが少なからずあります。

教師の思い込みもあります。なまじ子どもと過ごす時間が長いだけに、つい「この子はこういう子だ」と、自分が一番その子を知っているかのように錯覚してしまうのです。自分とうまくいかない子どもがいると、次第に、この子は「指導が入りにくい子」「課題のある子」というレッテルを無意識に貼ってしまいます。

そのようなレッテルを剥がしてくれたのが、同僚の先生方の授業でした。他の学級の子どもの様子と比較して自分で気づけたこともありますし、自分の授業を参観してくれた同僚の先生に率直に指摘してもらったことで気づけたこともあります。

耳が痛くなることもあえて指摘してくれる仲間がいることは、本当に幸せなことだと思います。自分の力だけではむずかしい壁を乗り越えられるチャンスを与えてもらっているのですから。自分の小さな殻に閉じこもることなく、たとえきつくても彼らの言葉を真摯に受け入れていきたいと思います。

他の学級を参観しはじめた最初のころは、多少なりとも自分の学級づくりに役立つといいな、と思う程度でした。しかし、実際は、教師である自分を鍛える最高の場だったのです。

（相）

05

授業力を磨く 校内研究の進め方

なぜ、私たちは校内研究を行うのだろう

結論から先に言うと、私は、①教師一人一人の授業力の向上、②教師の同僚性の構築の2点が、校内研究の目指すべき一番大切なミッションだと考えています。

殊に、公立小学校ではそうです。授業力に優れた教師もいれば、経験の浅い教師もいます。夜遅くまで熱心に仕事に打ち込む教師もいれば、家庭と仕事をやりくりしながら働く教師もいます。こうした多様性が一般の公立小学校では顕著だと思うからです。

一般の校内研究であれば、次の段取りで進めていると思います。

①研究主題の下で仮説を立てる。
②授業実践によって仮説を検証する。
③成果と課題をとりまとめる。

一見すると、とても正しいラインだと思うのですが、私はかねてからちょっと違和感を覚えてきました。というのは、（教職歴は5年ほどではありますが）研究授業によって仮説が覆った場面、成果と課題に対して「これは気づかなかった！」と感じるような新し

い発見によって校内研究そのものが最初からやり直しになるような場面に遭遇したことがなかったからです。

生意気なことを承知の上で言えば、どうも私の目には、校内研究と謳いながら、その実体は形式美に彩られた教師の活動の域を出ないように映っていました。すなわち、本当の意味での「研究」、つまり仮説を検証することを通して新しい知見を得る、研究によって実践の精度をあげることは、多くの公立小学校現場ではむずかしいように思うのです。それには、相当の外的要因や、校内の優れた教師集団の存在が必要条件であるような気がします。

そこで、私は管理職の先生方やミドルのリーダーの先生方に働きかけて、「本当に私たちができること、目指したいことをやりたいのですが…」ともちかけて、①教師一人一人の授業力の向上、②教師の同僚性の構築を前面に出した校内研究を提案したのです。幸いなことに、多くの先生方の理解に支えられて、これまで当たり前だとされてきたことの問い直しからはじめ、校内研究の改善に取り組めるようになりました。

1　ビジョン「公立プライド」

校内研究は、学校づくりの核だと思います。本校が何を目指し、どこへ向かうのかがビジョンであり、本校では「公立プライド」を掲げています。

「公立プライド」には、次の私たちの願いが込められています。

①友達と楽しく夢中になれる、学びがいのある学校でありたい。
②同僚と切磋琢磨し合う、働きがいのある学校でありたい。
③保護者・地域から愛され期待される、通わせがいのある学校でありたい。

2 「提案授業」と「話題提供授業」

研究授業は、1つの授業から教師一人一人が何かを学び、明日の実践に活かすために行うものです。私たちは試行錯誤を続けていくなかで、研究授業という呼び名を廃止し、「提案授業」と「話題提供授業」に再編しました。

「提案授業」では、すべての教師が目指す授業のイメージを共通理解するために行う授業で、年度当初に研究主任や研究副主任に授業を担ってもらいます。そして、この「提案授業」以外の授業を、「話題提供授業」としています。文字どおり、研究協議会に話題を提供するための授業であり、そこから何を学ぶのか、授業者以外の教師の学ぶ姿勢や授業を見る目を養います。

3 管理職も私たち教師と共に学び合う仲間

校長自身の意向もあって、慣例的に行われていた校長挨拶を廃止しました。代わりに、研究主任が講師紹介を担います。また、副校長（教頭）による謝辞もなくしたことで、研究協議会は若手教師からミドル・リーダーまでの教師が遂行する仕組みとしました。

管理職の先生方には、グループ討議での発言、全体会での発言という私たち教師と同じ方法での参加をお願いしています。このように、私たちの学校では、管理職も私たち教師も同じステージに立って学び合う仲間というスタンスで校内研究を行っています。

4　この授業に懸ける授業者の思いを謝辞として述べる

私自身、経験があることですが、授業者自評は、つい批判をかわすために防衛線を張ったり、言い訳がましくなったりしがちです。これでは、授業者に対して素直な意見を言いにくくなるので、授業者自評を廃止し、授業者は謝辞を述べるようにしました。

謝辞と言っても、仰々しくお礼を述べるのではなく、授業実践や研究協議会を通して学んだことを話してもらうのです。結果として、この授業に懸ける授業者の思い、同僚からの意見に対する率直な感想などが話されるようになり、聞き手にとっても興味深い謝辞となっています。

5　職員室の背面黒板の活用

多くの学校でもそうだと思いますが、職員室の背面黒板には月予定が掲示されているのが一般的です。しかし、月予定は紙やファイルで教師はもっているので、あまり実用性はありません。

そこで、研究推進部で背面黒板を借りることにし、上から無地のマグネットシートを貼って、生活科・総合的な学習の時間の取組を、各学年ごとに書き込む場としました。実際には、学年だけ書かれた表なので、誰でも自由に書き込むことができます。最近では、単元の進捗状況、校外学習の日程、ゲストティーチャー来校の予定などが書かれています。

さらに、話題提供授業（研究授業）の前には、何月何日の何時間目にどの学級で事前授業を行うかを掲示しています。意外と授業を見合うことのハードルを下げる効果があり、当該学年や分科会にかかわらず、空き時間や自習などを使って、5分間だけでも様々な教師がいろいろな授業を見に行くようになりました。

＊

校内研究の回数を重ねれば重ねるほど、新しい課題が生まれています。「当たり前を問い直す」ことは、前例のない新しいことに挑戦するということ。管理職の理解、同僚の支えのおかげだなぁ、としみじみ思います。

（松）

課題が自分ごととなる研究協議会の進め方

前のテーマで述べたとおり、本校では研究授業という呼び名を廃止して、「提案授業」「話題提供授業」と呼称しています。それら授業後の研究協議会の場で、教師が付箋に意見を記入する時間を設けています。4色の付箋を用意しています。

①【赤色】単元・授業構成を工夫する（時間的な視点）
②【青色】かかわりを大切にする（空間的な視点）
③【黄色】自分自身を中心に置く（心理的な視点）
④【緑色】本時以外の本単元にかかわること（基本的な考え方、育てたい子ども像、学習内容、単元の活動計画、教材研究など）、生活・総合とは直接かかわりのない授業一般のこと（例：指導技術、学級経営、子どもとの関係性、教室環境など）

色分けした4つの付箋のうち、①〜③視点は本校が設定した「生活・総合の楽しい授業を創造するための視点」です。これらの視点に沿って、自分の意見を記入していきます。

すべての付箋は記名つきです。子どもの具体的な姿を丁寧に見取っている先生は誰か、授業の見方が成長している先生は誰かを明らかにすることが目的です。そのなかから研究主任がピックアップし、後日「研究推進だより」などで紹介します。

各自、付箋を記入し終えたら、5～6名のグループを形成して、付箋をもとに討議します。グループの構成は、毎回くじ引きで決めます。学年や仲よしで固まることを防ぎ、普段あまり話をしないような同僚との意見を交わし合う機会とするためです。

各グループごとに、「成果↔課題」というスケール・チャートのみ書かれた模造紙を1枚用意します。教師間で意見を出し合いながら、自分の付箋を分類したりカテゴリー名をつけたりして、グループ討議を進めます。

その後、（一般的に行われているように）グループ討議での主な意見を発表し合い、必要に応じて授業者と質疑応答を行って、最後は講師の指導・講評で締めるという段取りです。

上記のように、付箋をうまく活用するだけでも、わりと研究協議会は活性化します。しかし、私は、ここからのステップアップがむずかしいと感じています。次の課題があるからです。

①教師間の協議は意見交換にとどまってしまうことが多く、子どもの意見も少なく議論が深まるには至らない。
②今後の課題や課題解決への方途については講師の指導・講評任せになってしまい、私たち教師自身で代案を考えるまでに至らない。

そこで、年度の途中ではあったのですが、試験的に次の改善を行いました。グループ討議後の全体協議を2部構成としたのです。

【第Ⅰ部　単元について（学習内容や活動計画など）】

○今回の研究授業で扱った単元と類似の単元について、講師自身の実践や講師が見聞きした優れた実践の事例を聞く。

○講師から提供された実践事例と今回の研究授業で扱った単元を比較して、共通点や相違点、課題とそれに対する代案をグループで討議する。

○全体で議論する。

【第Ⅱ部　本時の活動計画とその実際】

○講師や研究主任などがグループ討議を見て回り、もっとも課題だと思われることを1点に絞り、それに対する代案を、再度グループで討議する。

○全体で議論する。

○本時に対する講師の指導・講評を聞く。

第Ⅰ部に講師の実践事例紹介を設定したことで、私たち教師の実践との比較が可能になり、それに基づいて検討できるようになりました。これは私たちによい影響をもたらしました。

というのは、生活科や総合的な学習の時間など、1つの実践だけではよさや課題を見つけにくい教科等においても、自分なりの代案が考えやすくなったからです。それによって、教師自身の「仲間に伝えたい」という意欲が高まり、グループ討議の活性化に加え、全体会での挙手・発言がとても増えました。また、第Ⅱ部における本時検討についても、グループ討議で挙げられた課題を1本化することによって、代案を討議する必然性が高まり、討議の内容もシャープさを増しました。

あるとき、生活科での環境構成が課題となり、代案を検討したことがありました。すると、子どもたちのグループ名や必要なコーナーなどを付箋に書き込み、それを模造紙上で貼りつけ直しながら、適切な環境構成を考えるグループが現れました。課題を絞ったことが工夫の余地を生み、教師の主体性を引き出したのだと思います。

私たちは、「教師一人一人が自分なりの手応えを得られる」校内研究を目指しています。「あー、勉強になった！」「今日の研究協議会は面白かった！」「次の校内研究の日が楽しみだ！」先生方にそう思ってもらえるような研究協議会です。

このような研究協議会をもつためには、校内の先生方をはじめ、学校の事情をよく理解してくれた上で柔軟に対応してくれる講師の存在が不可欠です。私たちは、常日頃から本校にとって素晴らしい講師を探し続けています。

（松）

校内研究

エッセイで授業力と同僚性を充実する

本校のすべての教師は、みなエッセイを書きます。これは、校内研究で重視している取組の1つです。校長をはじめとして管理職も書きます。

本校のエッセイには、2つのタイプがあります。

1 同僚の思いを知り合える、語り合える「ＴＲＹ!!」

1つ目は、Ａ4半分程度の短いエッセイです。自分の学級経営や専科経営で大切にしていることや信念、それに基づく実践など、何でも自由に書くことができます。書くことによって、教育に対する自分の信念を明確にすることを目指します。

まとめたエッセイは、「ＴＲＹ!!」（研究副主任が隔週程度で発行している裏研推だより）で掲載し、みんなで読み合います。教師間の同僚性を高めることが目的です。

次は、先生方が「ＴＲＹ!!」に掲載したタイトルの一部です。ざっと見渡すだけでも、様々な教師の個性が垣間見られるかと思います。

［6年担任・男性］6年生自主学習スタート！

［1年担任・男性］保護者と連携した教育活動の実現に向けて

［5年担任・男性］その時々にあった効果的な組み合わせで実践

［4年担任・女性］子どもと寄り添っていたい！

［1年担任・女性］スタートカリキュラムに取り組んで
［養護教諭・女性］私の目指す保健室とは…
［3年担任・女性］うれしい！ありがたい！よし、やるぞ！　最後は「愛」です
［4年担任・男性］教室は間違うところだ
［3年担任・女性］自分の人格を磨く！
［音楽専科・女性］理想と現実～私の悩みごと…いつか先生方と語り合いたい～
［3年担任・女性］主役は「子どもたち」
［5年担任・男性］自力で飛び立てるように
［2年担任・女性］支えていただき、ここまで来ました

「TRY!!」が発行されるたびに、職員室のあちこちで話題になります。

「え！　A先生って、こんなキャラだったっけ？」クールに見えていた同僚の秘められた熱い思い、「以前は子どもに考えさせる指導ができずに苦しかった」と授業力で評価の高い同僚の昔の苦労…普段はなかなか知ることのできない同僚の姿です。

「理科のことなら、B先生に聞いてみよう！」

「C先生なら、うちの学級の悩みを相談できるかな…」

エッセイを通じて、互いのことがわかってくるうちに、教師間の対話が以前よりも

ぐっと、しかも自然な形で増えてきたように思います。

2　生活科・総合的な学習の時間を通じて成長した自分の姿をまとめる研究紀要

2つ目は、A4・1枚ほどの分量のエッセイです。年度末に作成する研究紀要に掲載されます。

こちらのエッセイは、生活科・総合的な学習の時間を中心とした校内研究への取組を通して、自分が成長したことなどについて書きます。目的は、次の2つ。

①自分の取組の振り返りを通して、自分の変化や成長、課題などを見つめ直すこと
②同僚のエッセイを読むことによって、相互理解を深め、同僚性を高めること（この点は、短いエッセイと目的は同じ）

平成27年度にとりまとめた研究紀要から、一部を抜粋します。

［1年担任・女性］今までの生活科は、教師主体で進めてきた。でも、1年を終えて、「生活科は子どもたちとつくるものだ」ということを学んだ。「今日は何をしたい？」…たった一言の教師の投げかけだけで、子どもたちは自分たちのしたいことを次々に発言していく。

［1年担任・女性］子どもたちに学習の必然性をもたせるためのきっかけとなる種まきを、事前にすることの大切さを感じた。生活科の授業だけではなく、子どものふとした発言でも学習につながっていくことを意識しておくことが大切だった。

［4年担任・女性］総合的な学習の時間の単元の活動計画を立てたものの、やはり、子どもの活動を基に進めていくと、そのとおりにはいかず、むずかしいことが多かった。1時間ごとの活動で、子どもに最後にどんな考えをもたせたいのかを意識し、どんな考えをもったのかを把握して進めていかなければならないと感じた。これは、どの教科にもつながることではあるが、教科書がないぶんむずかしくもあり、楽しいところでもある。

［6年担任・男性］クラスの子どもと一緒になってたくさん悩んだ。自分自身、最終目標までに道筋を付けて指導にあたったつもりだったが、ことあるごとに悩まされた。それは子どもの考えが予想を超えることがしばしばあったからだ。また、子どもが考えた解決方法のほうがよいのではと感じることもあったからだ。

私は、かつて「学びの共同体」の旗手として一時代を築いた茅ヶ崎市立浜之郷小学校の研究紀要を読む機会がありました。管理職を含め教師一人一人が設定した個人研究テーマの下で実践し、その振り返りがたくさん収録されていました。この取組に次のヒントを得たのです。

①自分の思いや願い、それに基づく実践、その振り返りを書いて研究紀要に掲載するという試みは、教師に対してよい意味でのプレッシャーを与え、結果として教師一人一人の実践の質を引き上げてくれるのかもしれない。

②校内の教師間で研究紀要を読み合うことによって、同僚の考えていることがわかり、望ましい同僚性の構築につながるのかもしれない。

この研究紀要に出合ったのは、教師になると決めた年の秋。「いつか研究主任になったら、ぜひやってみたい！」そう願っていた取組でもありました。協力してくれている先生方には感謝の言葉もありません。

（松）

おわりに

松村さんと出会う前の私。教室では日々いろいろな出来事があるなかで、授業について私なりに自分のできる精一杯のことをやっていたつもりです。けっして努力していなかったわけではありません。

しかし、松村さんと出会う「前」と「後」では、教室の景色がまったく違うのです。子どもたちのワイワイ・ガヤガヤのなかにも凛とした気配、知らん顔を決め込んでいても隠しきれないうずくような熱気、相手の気持ちに踏み込むようなシビアな話し合いの最中《さなか》にも穏やかな風が吹き抜ける、そんな子どもたちの織り成す教室の景色です。

そのような変化を私にもたらしたものは日々の刺激です。1人では味わうことのできない刺激です。何もかも新鮮で、とにかく楽しかった。飾ることなく、お互いの授業を参観し、評価し合い、再び学び合うことが楽しかった。授業するのがそれまで以上に楽しくなった。松村さんとの学び合いを通して、子どもたちに対する私の眼差しが変わったのだろうと思います。

思春期の男の子が、日々筋肉質になっていく肉体の変化を楽しむように、私は自分の指導が日に日に変わっていく手応えを感じることができました。

うまくいったときはお互いに褒め合い、うまくいかなかったときは、原因を突き止めるまで話し合う、そんな仲間とのやりとりの過程が私をワクワクさせるのです。口には出しませんでしたが、心のうちにあったのは、いつもこの気持ち。

「明日こそ、あいつをうならせる授業をしてやるぞ！」

指導力が足りないと思えば、本を読み合いました。研修会にも一緒に参加しました。神奈川、大阪、福岡など他県にも勉強に行きました。

大阪の研修では衝撃を受けました。参観した学級の子どもたちがあまりにも素晴らしくて、興奮覚めやらぬ帰り道、彼に話したことを今でも覚えています。

「松村さん、ぼくたち調子にのっていました。自分たちの学級はそこそこ育っているって思っていたけれど、はるか上の世界がありましたね。これからもっとしっかりと勉強して、本気で学級を育てていかないとマズイですね…」

共に学び合える仲間がいるのは、本当に幸せなことです。

人は出会いのなかで新しい自分を発見し、磨かれます。よき出会いは、よりよく生きるための相互作用です。自分の小さな殻を破り、他者と共に、他者のためにこのダイナミックな交流のなかでこそ、成長できるのだと実感しています。

「授業を見に行ってもいいですか？」このたった一言が、今の私という教師をつくり出す一歩となりました。

何か1つを変えたからといって、授業が劇的に変わることはないでしょう。しかし、その何か1つを積み重ねていく以外に、授業を変えることはできない、そんなふうに私は思うのです。

よりよい学級をつくるのも、よりよい授業をつくるのも教師次第です。その事実はこれからも変わらないでしょう。私も、松村さんも、もっともっとよい学級をつくりたい。「どうしたら子どもができるようになる授業、わかる授業、楽しい授業ができるか」常に問いかけながら、挑戦し続けたいと思います。

「教師が変われば、子どもが変わる」私が仲間と学び合えた根底にある信念です。かつては絵空事のように思っていましたが、今なら胸を張って言えます。「教師が子どもを信じること、それこそが教育の根幹」だということです。教師が子どもたちを信じられれば、彼らはまっすぐに応えてくれます。教師自身が、最大の教育環境なのだから。

＊

最後になりましたが、これまで出会ってきた子どもたちと保護者のみなさまには、本当にたくさんのことを学ばせていただきました。ありがとうございました。また、これまで出会ってきた先生方にはお礼の言葉もありません。最後に、このような機会をくださった東洋館出版社の高木聡氏に心から感謝いたします。

平成29年2月吉日　相馬　亨

「学びに向かう力」を鍛える学級づくり

2017（平成29）年３月１日　初版第１刷発行
2018（平成30）年４月24日　初版第３刷発行

著者　松村　英治
　　　相馬　　亨

発行者　錦織圭之介
発行所　株式会社　東洋館出版社
〒113-0021　東京都文京区本駒込5-16-7
営業部　電話 03-3823-9206／FAX 03-3823-9208
編集部　電話 03-3823-9207／FAX 03-3823-9209
振替　00180-7-96823
URL　http://www.toyokan.co.jp
装　幀　中濱健治
印刷・製本　藤原印刷株式会社

ISBN978-4-491-03321-1　Printed in Japan